北大版新HSK应试辅导丛书

■ 听力材料
■ 答案
■ 题解

三级 LEVEL 3

Papers with Solutions

SAMPLE TEST FOR 走进
NEW HSK
新 汉语水平考试
全真模拟试题及题解

夏小芸 刘影 沈灿淑 王建强 编著

北京大学出版社
PEKING UNIVERSITY PRESS

目 录

HSK（三级）全真模拟试题（第1套）听力材料 ………………………………… 1

HSK（三级）全真模拟试题（第2套）听力材料 ………………………………… 8

HSK（三级）全真模拟试题（第3套）听力材料 ………………………………… 15

HSK（三级）全真模拟试题（第4套）听力材料 ………………………………… 22

HSK（三级）全真模拟试题（第5套）听力材料 ………………………………… 29

HSK（三级）全真模拟试题（第6套）听力材料 ………………………………… 36

HSK（三级）全真模拟试题（第7套）听力材料 ………………………………… 43

HSK（三级）全真模拟试题（第8套）听力材料 ………………………………… 50

HSK（三级）全真模拟试题（第9套）听力材料 ………………………………… 57

HSK（三级）全真模拟试题（第10套）听力材料 ………………………………… 64

HSK（三级）全真模拟试题（第1套）答案 ……………………………………… 71

HSK（三级）全真模拟试题（第2套）答案 ……………………………………… 73

HSK（三级）全真模拟试题（第3套）答案 ……………………………………… 75

HSK（三级）全真模拟试题（第4套）答案 ……………………………………… 77

HSK（三级）全真模拟试题（第5套）答案 ……………………………………… 79

HSK（三级）全真模拟试题（第6套）答案 ……………………………………… 81

HSK（三级）全真模拟试题（第7套）答案 ……………………………………… 83

HSK（三级）全真模拟试题（第8套）答案 ……………………………………… 85

HSK（三级）全真模拟试题（第9套）答案 ……………………………………… 87

HSK（三级）全真模拟试题（第10套）答案 ……………………………………… 89

HSK（三级）全真模拟试题（第1套）题解 ……………………………………	91
HSK（三级）全真模拟试题（第2套）题解 ……………………………………	100
HSK（三级）全真模拟试题（第3套）题解 ……………………………………	109
HSK（三级）全真模拟试题（第4套）题解 ……………………………………	118
HSK（三级）全真模拟试题（第5套）题解 ……………………………………	128
HSK（三级）全真模拟试题（第6套）题解 ……………………………………	137
HSK（三级）全真模拟试题（第7套）题解 ……………………………………	146
HSK（三级）全真模拟试题（第8套）题解 ……………………………………	155
HSK（三级）全真模拟试题（第9套）题解 ……………………………………	164
HSK（三级）全真模拟试题（第10套）题解 …………………………………	173

HSK（三级）全真模拟试题（第1套）听力材料

（音乐，30秒，渐弱）

大家好！欢迎参加HSK（三级）考试。
大家好！欢迎参加HSK（三级）考试。
大家好！欢迎参加HSK（三级）考试。

HSK（三级）听力考试分四部分，共40题。
请大家注意，听力考试现在开始。

第 一 部 分

一共10个题，每题听两次。

例如：男：喂，请问张经理在吗？
　　　女：他正在开会，您半个小时以后再打，好吗？

现在开始第1到5题：

1. 男：那条裙子看起来不错。
   女：是这条吗？我也觉得很好看。

2. 女：菜放冰箱里了，你别忘记吃啊。
   男：你还是拿出来吧，这个天菜放在外面不会坏。

3. 男：我的照相机坏了，能借你的用用吗？
   女：没问题，但是你周末前一定要还给我。

4. 女：下雪了你还出来锻炼身体？
   男：这已经是我的习惯了，不锻炼我还不舒服。

5. 男：别难过了，不就一年时间吗？快上去吧，火车要开了。
   女：记得来看我啊，还有，每周都要给我写电子邮件！

现在开始第 6 到 10 题：

6. 女：最近忙吗？小成搬家了，叫我们去玩儿。
   男：好啊，你问清楚时间，我过会儿再打电话给你。

7. 女：你为什么选择网上考试呢？
   男：因为我觉得网上考试更容易，还有网上考试更方便。

8. 女：我习惯一边看书一边听音乐。
   男：我不习惯。我每次只能做一件事。

9. 男：还有多远啊？我累了！
   女：这才爬了几分钟啊！喝点儿水，休息一下吧。

10. 女：护照的照片和一般的照片不一样。
    男：您的意思是说我这张照片不行？那我换一张吧。

第 二 部 分

一共 10 个题，每题听两次。

例如：为了让自己更健康，他每天都花一个小时去锻炼身体。
　　★ 他希望自己很健康。

　　今天我想早点儿回家。看了看手表，才 5 点。过了一会儿再看表，还是 5 点，我这才发现我的手表不走了。
　　★ 那块儿手表不是他的。

现在开始第 11 题：

11. 我有很多的爱好，除了打篮球、踢足球，像唱歌、跳舞、画画儿我也都喜欢。
    ★ "我"不喜欢踢足球。

12. 她以前就是个很安静的人，工作以后，可能因为天天坐在电脑前面，她变得更安静了。
    ★ 她一直是个安静的人。

13. 没关系，有什么好担心的？孩子早晚是要离开我们的，我们现在应该多给他机会锻炼锻炼，这才是真的爱他。
    ★ 他们不关心自己的孩子。

14. 虽然中国很多地方都有自己的地方话，但是如果你会说普通话，在中国旅游，就不用担心别人听不懂你说什么，因为大家都能听懂普通话。
    ★ 旅游时说普通话很有用。

15. 真是太好了，能在这儿遇到你。我还以为你回国了呢。这个周末你有空吗？到我家来坐坐吧，请你吃晚饭。
    ★ 他已经回国了。

16. 很多年轻人因为睡得晚，起得晚，几乎没什么时间吃早饭，或者早饭吃得很少。他们总是以为午饭多吃一点儿就行了，其实这是很不健康的习惯。
    ★ 午饭多吃点儿对身体好。

17. 我选择学新闻是因为我觉得新闻对人的影响很大，而且新闻每天都是新的，这样的工作很好玩儿。
    ★ "我"觉得新闻工作很有意思。

18. 他们一共只见了五次面，就决定结婚了。到现在十年过去了，他们的关系还是像刚见面时一样好。
    ★ 他们结婚十年了。

19. 我们家附近有个小饭店菜做得不错，也挺便宜的，所以去的人很多。
    ★ 小饭店离我们家很远。

20. 客人马上就来了，先把空调打开吧。对了，你再去买个西瓜，快点儿回来啊。
    ★ 客人买了个西瓜。

第 三 部 分

一共10个题，每题听两次。

例如：男：小王，帮我开一下门，好吗？谢谢！
　　　女：没问题。您去超市了？买了这么多东西。
　　　问：男的想让小王做什么？

现在开始第21题：

21．女：早上就吃了一个面包，现在真饿啊。
　　　男：再等一会儿吧，会议马上就结束了。
　　　问：他们现在在做什么？

22．男：一件衬衫要五百啊，太贵了！
　　　女：最后一件了，便宜一点儿给你，四百二，想要就拿走！
　　　问：这件衬衫多少钱？

23．女：我记得以前那儿都是卖菜的，怎么现在变成花园了？
　　　男：这几年北京的变化很大，我带你好好儿看看。
　　　问：男的是什么意思？

24．男：这雨越下越大，你没带伞，我开车送你回去吧。
　　　女：没关系，我家离公司不远，过会儿雨小了，我走回去。
　　　问：他们最可能在哪儿？

25．女：又是体育节目？你换点儿别的节目看吧，像新闻、历史节目都不错。
　　　男：有什么节目比体育节目更好呢？
　　　问：男的最喜欢看什么节目？

26. 男：张老师，您怎么在这儿啊？
    女：您是月月的爸爸吧？我刚搬到这里来，以后我们就是邻居了。
    问：他们是什么关系？

27. 女：我给你买的帽子你还满意吗？听说今年冬天会比较冷。
    男：我很喜欢，这是我收到的最好的生日礼物！
    问：女的为什么给男的买帽子？

28. 男：对不起，对不起，我又迟到了。
    女：没关系，电影七点才开始，还有五分钟呢。
    问：现在几点了？

29. 女：现在是上下班时间，你要开车去吗？
    男：当然是坐地铁去，又快又方便。
    问：男的打算怎么去？

30. 男：一共才二十几个字，你写错了一半，你复习了没有？
    女：我是想复习的，可最近别的课也要复习，我就忘了。
    问：女的为什么写错了？

第 四 部 分

一共10个题，每题听两次。

例如：女：晚饭做好了，准备吃饭了。
　　　男：等一会儿，比赛还有三分钟就结束了。
　　　女：快点儿吧，菜冷了就不好吃了。
　　　男：你先吃，我马上就看完了。
　　　问：男的在做什么？

现在开始第31题：

31. 男：我去火车站接老王他们了。
    女：快去吧，别让他们等。

男：你把家里再打扫一下吧。
女：放心吧，开车注意点儿。
问：男的要做什么？

32. 女：这儿的环境真不错。
    男：是啊，盘子也很特别。
    女：就是不知道菜好不好吃。
    男：我也是第一次来，吃吃看吧。
    问：他们现在在什么地方？

33. 男：时间过得真快，都二十年没见了。
    女：看看这些照片，想想大学那会儿我们多年轻啊。
    男：你看上去没什么变化，还是那样年轻！
    女：别笑我了！孩子都上大学了，我还能不老吗？
    问：他们是什么关系？

34. 女：这双蓝色的怎么样？
    男：颜色不错，但可能有点儿大。
    女：你穿上我看看。
    男：我说吧，大一点儿。再看看别的吧。
    问：他们在买什么？

35. 男：还在难过呢？
    女：是啊，一想到再也见不到奶奶了，我就想哭。
    男：你奶奶一定不愿意看到你这样。
    女：你说得对，我一定要过得更好，让奶奶放心。
    问：女的怎么了？

36. 女：你是怎么来的？
    男：我先坐汽车，然后坐船，路上时间太长了。
    女：你知道吗？现在有火车到我们这儿了，只要四个小时。
    男：是吗？那我下次来坐火车。

女：对啊，火车票也不贵。
问：男的下次打算坐什么来？

37. 男：这件事的经过就是这样。
    女：从你说的来看，我觉得你没错。
    男：我也觉得自己没错，但是经理说客人都是对的。
    女：我们找经理去，跟他把这件事情说清楚。
    问：男的最可能是做什么的？

38. 女：怎么上不了网了？快帮我看看。
    男：别着急，这个问题什么时候出现的？
    女：好几天了，这几天经常突然上不了网，但过一会儿又好了。
    男：奇怪，我来检查一下。
    问：他们正在做什么？

39. 男：你们认识也有半年了，你了解他吗？
    女：当然，他做什么事都特别认真，我最喜欢他这一点。
    男：那你什么时候带他来见见我们？
    女：您觉得这个星期天怎么样？
    男：没问题，我和你妈都休息。
    问：关于女的，可以知道什么？

40. 女：现在到几楼了？
    男：八楼。
    女：啊？才八楼，这电梯怎么这时候坏了呢？
    男：我们很久没一起锻炼了，今天这个机会多么不容易啊。
    女：别让我笑，一笑更爬不上去了。
    问：他们为什么爬楼？

听力考试现在结束。

HSK（三级）全真模拟试题（第2套）听力材料

（音乐，30秒，渐弱）

大家好！欢迎参加HSK（三级）考试。
大家好！欢迎参加HSK（三级）考试。
大家好！欢迎参加HSK（三级）考试。

HSK（三级）听力考试分四部分，共40题。
请大家注意，听力考试现在开始。

第 一 部 分

一共10个题，每题听两次。

例如：男：喂，请问张经理在吗？
　　　女：他正在开会，您半个小时以后再打，好吗？

现在开始第1到5题：

1. 女：您怎么站着看电脑？
   男：我最近胖了，站着看能瘦点儿。

2. 男：明天早上你吃什么？
   女：这家的面包非常好吃，再买点儿牛奶就行了。

3. 女：好的，这个问题就这样解决吧。
   男：行，您同意的话，那我们就开始做了。

4. 男：这儿离地铁太远，上班不方便。
   女：但是附近有这么多绿树，环境多好啊！

5. 男：这辆车看上去很漂亮，我想骑一骑。
   女：你自己能骑吗？要不要妈妈帮忙？

现在开始第6到10题：

6. 男：王总，今天早上的新闻您看了吗？
   女：我正在看呢，我的车马上就到你们公司了。

7. 女：你看起来怎么这么累？
   男：我也不知道怎么了，可能昨天睡得太晚了。

8. 男：老师已经把答案写在黑板上了，可是我还是不懂。
   女：没关系，你可以去问老师。

9. 女：刚才天气还好好儿的，怎么现在刮大风了？
   男：马上要下雨了，我们快回家吧。

10. 男：葡萄要不要？又新鲜又甜，八块钱一斤，超市卖十块钱呢。
    女：我不喜欢吃葡萄，有别的水果吗？

第二部分

一共10个题，每题听两次。

例如：为了让自己更健康，他每天都花一个小时去锻炼身体。
　　★ 他希望自己很健康。

　　今天我想早点儿回家。看了看手表，才5点。过了一会儿再看表，还是5点，我这才发现我的手表不走了。
　　★ 那块儿手表不是他的。

现在开始第 11 题:

11. 你还在火车上吧,现在这里下大雨呢,但不用担心,我会开车去火车站接你的。
    ★ "我"要去火车站接朋友。

12. 我们公司在二楼,一楼是一个大超市。你可以从超市旁边的那个门上楼。
    ★ 公司就在第一层。

13. 这种电脑现在三千块钱就能买到了,我记得两年前买的时候,要一万块呢!
    ★ 这种电脑比以前便宜了。

14. 这个房子真的很不错,特别是厨房很大,你这么喜欢做菜,厨房大一点儿做起菜来更方便。
    ★ 房子的厨房特别大。

15. 今年护照照片的要求跟以前不一样了,网上都有说明,非常方便,大家可以先上网看一下。
    ★ 护照照片的要求有了变化。

16. 我女儿很喜欢小动物,以前一直要我给她买只小狗,我没同意。今年她 7 岁生日的时候,我买了一只送给她。
    ★ "我"一直没给女儿买狗。

17. 从小到大,除了体育成绩,其他成绩我都不错。现在上了大学,我天天早上起来跑步,我一定要提高我的体育成绩。
    ★ "我"以前体育成绩最好。

18. 老师对学生的影响很大,如果老师很快乐,学生可能也比较快乐;如果老师很安静,学生可能也比较安静。所以老师应该注意自己做的事和说的话。
    ★ 老师会影响学生。

19. 对不起,刚才我到附近的体育馆去游泳了,没带手机。对了,你找我有什么事?

    ★ 刚才"我"带手机了。

20. 我爸爸70岁了,他很热情,喜欢帮助别人,每天都过得很快乐,大家都说他越来越年轻了!

    ★ "我"爸爸身体不好。

第三部分

一共10个题,每题听两次。

例如:男:小王,帮我开一下门,好吗?谢谢!
　　　女:没问题。您去超市了?买了这么多东西。
　　　问:男的想让小王做什么?

现在开始第21题:

21. 女:医生,请问我孩子的眼睛怎么了?
    男:他是不是很爱看电视?可能需要戴眼镜了。
    问:女的孩子怎么了?

22. 男:关经理,大家都到会议室了,您什么时候去?
    女:好的,我马上就去。对了,我的电脑有些问题,你帮我看看。
    问:女的现在可能在哪儿?

23. 女:您在大学学的是历史吗?
    男:不是,我只是对历史非常有兴趣,我大学学的是数学。
    问:男的是学什么的?

24. 男:你最近怎么这么早就到公司了?
    女:我女儿换了个学校,就在公司附近,我天天要早起送她。
    问:女的为什么来得早?

25. 女：我们已经两个星期没去看你爸妈了，今天晚上去看看吧。
    男：晚上我可能有事，明天一起去吧。
    问：男的什么时候去看爸爸妈妈？

26. 男：今天你下班后我开车去接你吧。
    女：好啊，家里水果没了，我们一起去买点水果。
    问：女的下班后想做什么？

27. 女：你好！我房间的冰箱坏了，你能来看看吗？
    男：好的，我们马上叫人去看。
    问：他们最可能是什么关系？

28. 男：你最近怎么这么爱看有关日本的节目？
    女：下个月我要去日本旅游。
    问：女的下个月要做什么？

29. 女：你这张照片是什么时候照的？跟现在不一样啊。
    男：哪张？这张啊，这是我大学时候的照片，都十几年了。
    问：关于男的，可以知道什么？

30. 男：姐，这么多菜，真香啊，我先吃几口。
    女：你先去写作业，妈妈马上就下班了，等妈妈回来一起吃。
    问：菜是谁做的？

第四部分

一共10个题，每题听两次。

例如：女：晚饭做好了，准备吃饭了。
    男：等一会儿，比赛还有三分钟就结束了。
    女：快点儿吧，菜冷了就不好吃了。
    男：你先吃，我马上就看完了。
    问：男的在做什么？

现在开始第 31 题：

31. 男：请问，哪一层有《每日早报》？
    女：在第二层，上楼向右走。
    男：还有一个问题，请问早报能借几天？
    女：对不起，报纸不能借出去，只能在这里看。
    问：他们很可能在哪儿？

32. 女：哥，这香蕉特别甜，你吃一根。
    男：不吃了，我已经刷牙了。
    女：那我自己吃了。
    男：吃完后别忘了刷牙！
    问：男的为什么不吃香蕉？

33. 男：现在几点了？
    女：三点五十，火车怎么还没到？
    男：车站的大叔说这班车是四点到，再等等吧。
    女：那你打手机问问爸爸，车到哪儿了。
    问：他们在等谁？

34. 女：这条好看是好看，就是太贵了！
    男：那我们问问看能不能便宜一点儿。
    女：不用了，我还是在网上买吧。
    男：网上不一定能买到，还是在这儿买吧。
    问：他们可能在买什么？

35. 男：这红色的是您的行李吗？
    女：对对，就是这个，上面有我的名字。
    男：那我们走吧，车子在外面等您呢。
    女：好的。
    问：那个行李箱是什么样的？

36. 女：你好，我去北方医院。
    男：好的。

女：请问从这儿到北方医院远吗？要多长时间？
男：不远，十五分钟就到了。
问：男的是做什么的？

37. 男：请问我现在可以进去了吗？
    女：现在还不行，表演六点开始，五点半可以进去。
    男：那你们附近有没有吃饭的地方？我吃点东西再来。
    女：您向西走五分钟，就能看到很多小饭店。
    问：表演什么时候开始？

38. 女：你儿子怎么这么高？
    男：他经常运动，特别喜欢打篮球。
    女：我儿子也喜欢打篮球啊，比你儿子矮多了。
    男：你别着急啊，很多男孩儿都长得晚。
    问：他们在谈什么？

39. 男：我们家也买辆车吧。
    女：你怎么突然想买车了？
    男：这样方便啊，我可以送你上班，周末一家人还能开车出去玩儿。
    女：你想买什么样的车呢？
    男：不用太大，家里用用就行。
    问：关于男的，可以知道什么？

40. 女：你又在玩儿游戏，作业写完了吗？
    男：写完了。
    女：你自己检查过了吗？
    男：都检查过了。妈，你放心吧！
    问：男的在做什么？

听力考试现在结束。

HSK（三级）全真模拟试题（第3套）听力材料

（音乐，30秒，渐弱）

大家好！欢迎参加HSK（三级）考试。
大家好！欢迎参加HSK（三级）考试。
大家好！欢迎参加HSK（三级）考试。

HSK（三级）听力考试分四部分，共40题。
请大家注意，听力考试现在开始。

第 一 部 分

一共10个题，每题听两次。

例如：男：喂，请问张经理在吗？
　　　女：他正在开会，您半个小时以后再打，好吗？

现在开始第1到5题：

1. 女：医生，请问我的身体怎么样？
   男：我需要给你检查一下，请跟我来吧。

2. 男：工作了十几个小时，身体越来越疼！
   女：别忙了，像我这样运动一下就舒服了。

3. 女：你想看什么节目？新闻节目吗？
   男：现在在举行世界大学生运动会，看看体育新闻吧。

4. 男：欢迎来我们公司工作！
   女：谢谢公司给我机会，我一定会努力的。

5. 男：这是你的新车吧？真漂亮。
   女：结婚十年了，这是我丈夫送我的礼物。

现在开始第 6 到 10 题：

6. 男：喂，已经十一点了，你在哪儿？
   女：对不起，我要晚一点儿到。

7. 女：你女儿会游泳吗？
   男：她常去海边游泳，她在班里游泳成绩第一。

8. 男：小姐，这样你看可以吗？
   女：前面再短一点儿吧，短一点儿舒服。

9. 女：这个游戏怎么玩儿啊？你快教教我。
   男：别着急，你先看我玩儿，这个是向前，这个是向后。

10. 男：请问，下个月去北京的飞机哪天最便宜？
    女：请等一下，我看看电脑。

第二部分

一共 10 个题，每题听两次。

例如：为了让自己更健康，他每天都花一个小时去锻炼身体。
　　★ 他希望自己很健康。

今天我想早点儿回家。看了看手表，才 5 点。过了一会儿再看表，还是 5 点，我这才发现我的手表不走了。
　　★ 那块儿手表不是他的。

现在开始第11题：

11. 我一直以为自己学了五年汉语，很了解中国，到了中国以后我才发现，中国文化还有很多我不清楚的地方。
    ★ "我"很了解中国文化。

12. 上星期我从图书馆借了两本书，今天收到图书馆的电子邮件，说时间快到了，我准备下午去还。
    ★ "我"的书已经还了。

13. 儿子最近喜欢玩儿电脑游戏，一回家就坐在电脑前玩儿，眼睛玩儿坏了，还影响了学习。
    ★ 儿子学习越来越差。

14. 以前手机很贵，人们都不敢买手机。现在手机很便宜，人们换手机几乎就像换衣服一样快了。
    ★ 现在人们常换手机。

15. 外面刮大风了，可能要下雪。你出门的时候多穿点儿衣服，再带把伞。
    ★ 今天天气不太好。

16. 欢迎大家来到我们学校。下面先请校长讲话，然后我带大家在学校走一走，看一看。
    ★ 他们先看学校。

17. 有些人一感冒就开始吃药，其实，感冒刚开始的时候，不需要吃药，有时候药吃多了，感冒会更重。
    ★ 一感冒就吃药不好。

18. 行李都准备好了吗？不用带那么多东西，如果真的需要，到了旅游点再买，贵就贵点儿吧。
    ★ 旅游点的东西比较贵。

19. 虽然我妈七十多了,但是像年轻人一样,喜欢玩儿电脑、上网,还经常在网上买东西。
★ 妈妈不会用电脑。

20. 一年中四个季节,我最喜欢春天。虽然春天我住的地方常常刮风,但是花很多,什么颜色的都有,这让我觉得很快乐。
★ 春天"我"住的地方天气很好。

第 三 部 分

一共10个题,每题听两次。

例如:男:小王,帮我开一下门,好吗?谢谢!
女:没问题。您去超市了?买了这么多东西。
问:男的想让小王做什么?

现在开始第21题:

21. 女:你的汉语水平提高得真快啊!
男:是啊,我刚来的时候几乎一句话都不会说。
问:男的汉语水平怎么样?

22. 男:你怎么了?看起来很累。
女:为了完成那个工作,昨天很晚才睡。
问:女的怎么了?

23. 女:你这样一边听音乐一边看书,能记住吗?
男:妈,您放心吧,没问题。如果您不相信我,您考我一段。
问:他们可能是什么关系?

24. 男:我把办护照需要注意的问题都写在电子邮件里了。
女:好的,我现在就看。
问:女的现在要去做什么?

25. 女：奇怪，我的手机又找不到了。你看见了吗？
    男：你一般不是放在那个包里吗？你在包里找找。
    问：男的觉得手机在哪儿？

26. 男：这个周六你休息吗？一起去看电影吧。
    女：最近医院特别忙，下周六吧。
    问：女的最可能是做什么的？

27. 女：你看，这是我大学时的照片，我以前很瘦，现在变胖了。
    男：你天天坐在电脑前，不出去运动，能不长胖吗？
    问：关于女的，可以知道什么？

28. 男：这些苹果看起来真新鲜！
    女：是啊，就是有点儿贵，还是买香蕉吧。
    问：男的觉得苹果怎么样？

29. 女：对不起，我又迟到了，表演七点就已经开始了吧？
    男：没关系，才开始十分钟，我们快进去吧。
    问：现在几点？

30. 男：外面下雨了，你还是坐出租车去吧。
    女：没关系，走到地铁站也就五分钟，坐地铁又快又方便。
    问：女的准备怎么去？

第四部分

一共10个题，每题听两次。

例如：女：晚饭做好了，准备吃饭了。
    男：等一会儿，比赛还有三分钟就结束了。
    女：快点儿吧，菜冷了就不好吃了。
    男：你先吃，我马上就看完了。
    问：男的在做什么？

现在开始第 31 题：

31. 男：你最近是不是有什么高兴的事儿？
    女：为什么这么说？
    男：我发现你最近喜欢一边工作一边唱歌。
    女：你说对了，我儿子马上要从国外回来了。
    男：两年没见儿子了吧？这真是件高兴的事儿！
    问：女的为什么高兴？

32. 女：比赛几点开始？
    男：七点，现在已经五点了，我们要早点儿吃饭。
    女：我已经快做完了，就差一个菜了。
    男：别做了，到体育馆路上要一个小时呢。
    问：男的要去哪儿？

33. 男：小关，那本书你看了吗？
    女：看了，写得没你说的那么好，还是还你吧。
    男：你一定没看完，开始的时候我也觉得不怎么样。
    女：你这么说，那我一定要看完了。
    问：关于女的，可以知道什么？

34. 女：明天是晴天还是阴天？
    男：晴天，比今天冷。
    女：不会吧？现在是春天了，怎么还这么冷？
    男：现在全世界的天气都很奇怪。
    问：现在是什么季节？

35. 男：你准备了几双筷子？
    女：三双。
    男：再准备一双，小天说今天回家吃饭。我再去买个菜。
    女：那你快去吧，别买太甜的。
    问：他们要准备几双筷子？

36. 女：你感冒了？去看医生了吗？
    男：我自己吃了点药，但没什么作用。
    女：明天周六不上班，你还是去医院看看吧。
    男：周末医院人太多，我下星期一去吧。
    问：男的什么时候去医院？

37. 男：喂，请问小李在家吗？
    女：请问您找谁？
    男：我找小李，我是他公司同事。
    女：对不起，这儿没有姓李的人，您一定是打错了。
    问：关于男的，可以知道什么？

38. 女：我最怕旅游，换个环境我就睡不着。
    男：你听点儿安静的音乐吧。
    女：不行，这个办法对我一点儿用也没有。
    男：那也必须睡啊，明天要早起，还要爬一天的山呢。
    问：他们明天要做什么？

39. 男：你相信她说的话吗？
    女：她是我最好的朋友，我当然相信她。
    男：那你准备把钱借给她开公司了？
    女：是啊，你放心吧，她一年后一定会还给我们的。
    男：我觉得还是小心一点儿好。
    问：男的怎么样？

40. 女：这椅子真贵，颜色也有点儿奇怪。
    男：但是坐起来挺舒服的，您来坐坐。
    女：真的挺舒服的，能不能再便宜一点儿？
    男：这已经是最便宜的了，您可以跟别家比较一下。
    问：他们现在最可能在哪儿？

听力考试现在结束。

HSK（三级）全真模拟试题（第4套）听力材料

（音乐，30秒，渐弱）

大家好！欢迎参加 HSK（三级）考试。
大家好！欢迎参加 HSK（三级）考试。
大家好！欢迎参加 HSK（三级）考试。

HSK（三级）听力考试分四部分，共40题。
请大家注意，听力考试现在开始。

第 一 部 分

一共10个题，每题听两次。

例如：男：喂，请问张经理在吗？
　　　女：他正在开会，您半个小时以后再打，好吗？

现在开始第1到5题：

1. 女：我希望能在你们公司工作。
   男：我们会给你打电话的。

2. 男：几年没回国，变化真大啊！
   女：是啊，河更干净了，两边还有这么多高楼。

3. 女：快看，大熊猫正在爬呢！
   男：声音小点儿，它一害怕就跑了。

4. 男：现在是不是快五点了？
   女：都五点十五分了，比赛再过三分钟就开始了。

5. 女：外面天气这么好，我们一起去草地上看书吧。
   男：可是我喜欢在房间里看书，我觉得很安静。

现在开始第6到10题：

6. 男：牙刷别忘了带！
   女：已经准备好了，刷牙的杯子也有！

7. 女：这画上的小孩儿真可爱！
   男：是啊，这让我想起我女儿小时候。

8. 男：你的行李重吗？我帮你拿。
   女：谢谢你送我去车站。

9. 女：你一直看手机，是不是有什么事？
   男：我女朋友一直不接电话，我有点儿担心。

10. 男：妈妈，那只小猫怎么在车下面啊？
    女：它可能是太冷了吧。

第二部分

一共10个题，每题听两次。

例如：为了让自己更健康，他每天都花一个小时去锻炼身体。
　　★ 他希望自己很健康。

今天我想早点儿回家。看了看手表，才5点。过了一会儿再看表，还是5点，我这才发现我的手表不走了。
　　★ 那块儿手表不是他的。

现在开始第 11 题：

11. 狗真是一种聪明的动物，和人在一起时间久了，你说什么它都懂，还能帮你做很多事。
    ★ "我"觉得狗很聪明。

12. 现在城市越来越大，房子也越来越贵，所以很多人到比较远的地方买房子。从上班的地方回家，路上可能要一个小时。
    ★ 房子越来越贵。

13. 我一直觉得老师和学生的关系应该像朋友一样，所以我常常告诉我的学生，我错了的时候，他们要敢说出来。
    ★ "我"对学生不太好。

14. 你姐姐马上就回来了，蛋糕准备好了没有？快把灯关了，等她一进门我们就开灯，唱《生日快乐歌》。
    ★ 今天是姐姐的生日。

15. 好机会可能只会出现一两次，机会出现前要做好准备，机会来的时候，才能用好它。
    ★ 机会出现后再做准备。

16. 这家咖啡店的环境真不错，外面有一个小花园，天气好的时候，可以坐在外面喝喝咖啡，听听音乐，跟朋友说说话。
    ★ 这家咖啡店在公园里。

17. 把电视声音关小一点儿，你弟弟明天有考试，别影响他，让他好好儿复习。
    ★ 弟弟正在看电视呢。

18. 我妻子最近喜欢跟着电视学做菜。我有时很高兴，因为吃到了很多不一样的菜；有时不太高兴，有的菜真不好吃，但是我还得说好吃。
    ★ "我"妻子最近爱学做菜。

19. 看地图，体育馆在图书馆的东边，但是我刚才问了几个人，他们都说体育馆早就搬了。

    ★ 这是一张旧地图。

20. 蓝色会让人觉得比较快乐，白色会让人觉得安静。所以在难过的时候，可以多看看蓝色的东西，那样会高兴一点儿。

    ★ 白色让人觉得很快乐。

第三部分

一共 10 个题，每题听两次。

例如：男：小王，帮我开一下门，好吗？谢谢！
　　　女：没问题。您去超市了？买了这么多东西。
　　　问：男的想让小王做什么？

现在开始第 21 题：

21. 女：你听说了吗？小红要去别的公司了。
    男：这不是什么新闻了。
    问：男的是什么意思？

22. 男：写累了吧？休息一会儿，喝口茶吧。
    女：最近忙着写东西，跟你说话的时间也少了，别生我的气啊。
    问：男的对女的怎么样？

23. 女：你看，这条裤子没洗干净，上面还有果汁。
    男：让我看看，真对不起。
    问：他们可能在哪儿？

24. 男：我以为这次考试很难呢。
    女：是很难啊，你觉得不难是因为你这次准备得很认真。
    问：关于男的，可以知道什么？

25. 女：老王，我的手机是不是在厨房的桌子上？
    男：对啊，你着急要吗？我现在给你送到公司去吧。
    问：女的让男的做什么？

26. 男：我记得故事书可以借两个月吧。
    女：是的，如果看不完，还可以再借一个月。
    问：故事书最多可以借多长时间？

27. 女：总是吃米饭，今天换换，我做面条儿给你们吃。
    男：太好了，妈，您做的鸡蛋面是世界上最好吃的面！
    问：他们今天吃什么？

28. 男：请问您二位要喝点儿什么？我们有新鲜的果汁。
    女：果汁都太甜了，来两杯茶吧，夏天喝茶舒服。
    问：女的觉得喝果汁怎么样？

29. 女：我觉得你应该选择学习音乐，你唱歌唱得真好。
    男：但是我对数学更有兴趣。
    问：男的是什么意思？

30. 男：山上路不好走，我们最好带上运动鞋。
    女：你还没看报纸吧，报纸上说明天有大雨，不要去爬山了。
    问：女的为什么说不要去爬山？

第四部分

一共10个题，每题听两次。

例如：女：晚饭做好了，准备吃饭了。
    男：等一会儿，比赛还有三分钟就结束了。
    女：快点儿吧，菜冷了就不好吃了。
    男：你先吃，我马上就看完了。
    问：男的在做什么？

现在开始第 31 题：

31. 男：昨天的游泳比赛你看了吗？
    女：什么比赛？
    男：大学生运动会的游泳比赛，你没看吗？
    女：我哪有时间啊，昨天我儿子发烧了，哭了一个晚上。
    问：昨天晚上女的怎么了？

32. 女：先生，能帮我把行李放上去吗？
    男：没问题！您看放那儿行吗？
    女：那个地方太小了，放不下，左边可能大点儿。
    男：行，过会儿到站我再帮您拿下来。
    问：女的请男的做什么？

33. 男：真奇怪，你怎么在车站看书呢？
    女：我在等我男朋友呢，他还没来。
    男：我刚才在图书馆前面看见他了。
    女：那应该快了。
    问：女的现在在哪儿？

34. 女：您年轻的时候去过很多国家吧？
    男：是的，一共六十多个国家。
    女：那您给我们讲讲，您为什么去了那么多国家？
    男：每个国家的文化都不一样，我想多了解了解。
    问：男的为什么去这些国家？

35. 男：这几张照片你选一张自己满意的。
    女：为什么选照片啊？
    男：要放在报纸上。
    女：就这张吧，穿白裙子的。
    问：他们在选什么？

36. 女：喂，下了班我去接你吧。
    男：不用了，下午不开会了，我上完课就回去了。
    女：那今天你做饭吧。
    男：好啊，你想吃什么？我来做。
    问：男的可能是做什么的？

37. 男：你最近是不是经常不吃早饭啊？
    女：是不是我比以前瘦了？
    男：没觉得你瘦了，就是觉得你脸色不太好。
    女：是吗？我也觉得最近特别累。
    男：早饭要吃好。你这样对身体不好。
    问：女的看上去怎么样？

38. 女：天天下雨，还这么热，睡都睡不好。
    男：你是北方人，还不习惯这样的天气，我已经习惯了。
    女：我还要在这儿学习四年，想想都害怕。
    男：别担心，你慢慢儿会习惯的。
    问：关于女的，可以知道什么？

39. 男：终于完成了！
    女：你怎么花了这么长时间？
    男：早上我写到一半的时候电脑突然坏了，所以刚刚才写好。
    女：我们现在真是离不开电脑啊。
    问：男的刚才在做什么？

40. 女：你什么时候来北京？
    男：下个星期，飞机票买好了。
    女：想去哪儿？姐带你去看看。
    男：我主要是去开会，玩儿的时间不多，到你家看看就行了。
    问：男的为什么来北京？

听力考试现在结束。

HSK（三级）全真模拟试题（第5套）听力材料

（音乐，30秒，渐弱）

大家好！欢迎参加HSK（三级）考试。
大家好！欢迎参加HSK（三级）考试。
大家好！欢迎参加HSK（三级）考试。

HSK（三级）听力考试分四部分，共40题。
请大家注意，听力考试现在开始。

第 一 部 分

一共10个题，每题听两次。

例如：男：喂，请问张经理在吗？
　　　女：他正在开会，您半个小时以后再打，好吗？

现在开始第1到5题：

1. 女：行李箱里都放不下了，我还是少带两件衣服吧。
   男：你还是把鞋拿出来一双更好。

2. 男：你怎么回家？要不要我送你？
   女：谢谢，不用了，我妈马上开车来接我。

3. 女：你骑马不害怕吗？
   男：开始的时候不太敢，骑了一会儿就不怕了。

4. 男：你喝什么？水还是果汁？
   女：我不太想喝水和果汁，给我一杯茶，可以吗？

5. 女：我又胖了，这条裤子穿不下了，怎么办啊？
   男：别担心，你现在每天都吃得很少，很快就会瘦的。

现在开始第6到10题：

6. 男：昨天的表演你参加了吗？
   女：没有，我最近腿有点儿疼，不能跳舞。

7. 男：您好，请问几位？
   女：我们有四个人，请把菜单给我们。

8. 男：你的爱好是什么？
   女：读书、听音乐、上网、打球，我特别喜欢一边上网一边听音乐。

9. 女：你经常坐地铁上班吗？
   男：地铁很方便，可是我家旁边没有地铁，我只好坐公共汽车。

10. 男：孩子怎么一直哭啊？是不是不舒服了？
    女：他可能饿了，给他喝点儿奶吧。

第 二 部 分

一共10个题，每题听两次。

例如：为了让自己更健康，他每天都花一个小时去锻炼身体。
   ★ 他希望自己很健康。

今天我想早点儿回家。看了看手表，才5点。过了一会儿再看表，还是5点，我这才发现我的手表不走了。
   ★ 那块儿手表不是他的。

现在开始第 11 题：

11. 外面很冷吧，你看你鼻子、耳朵都红了，快进来，房间里开着空调呢。
    ★ 房间里也很冷。

12. 几乎每个孩子都喜欢吃蛋糕，因为它很甜，但是蛋糕吃得太多，对身体不好。
    ★ 孩子不能吃太多蛋糕。

13. 每天开电脑后，我都要先看看有没有朋友或同事给我写电子邮件，电子邮件又快又方便，现在我很少写信了。
    ★ "我"喜欢用电子邮件。

14. 他以前汉语说得很差，找了一个中国女朋友以后，他的汉语水平提高了很多，对中国文化也有了一些了解。
    ★ 他对中国文化很有兴趣。

15. 春、夏、秋、冬四个季节，我最爱春天。春天时，小草绿了，花也开了，使人觉得很有希望。
    ★ "我"最喜欢春天。

16. 医生说不要等渴的时候才喝水，特别是在很热的夏天，多喝水很重要。
    ★ 只有夏天才应该多喝水。

17. 去一个城市玩儿的时候，我总是会先买一张地图，这样可以让我更快地认识这个地方。
    ★ 地图对"我"有帮助。

18. 我们学校的图书馆很大，也很安静，每个人都在认真看书，我喜欢这样的学习环境。
    ★ "我"每天都在图书馆学习。

19. 新搬来的邻居是个很可爱的女孩儿，我经常去她家借东西，找机会跟她说话。
    ★ "我"喜欢这个邻居。

20. 爷爷奶奶每天早上都去公园锻炼身体，然后回家吃早饭，吃完早饭他们去超市买东西或者在家打扫房间。

★ 爷爷奶奶身体很健康。

第 三 部 分

一共 10 个题，每题听两次。

例如：男：小王，帮我开一下门，好吗？谢谢！
　　　女：没问题。您去超市了？买了这么多东西。
　　　问：男的想让小王做什么？

现在开始第 21 题：

21. 女：儿子今天说出了很多新的词语和句子，真让人高兴。
　　 男：看小孩儿学说话是一件很有意思的事。
　　 问：他们的儿子可能多大？

22. 男：女儿想吃葡萄，厨房里的葡萄是洗过的吗？
　　 女：刚才想着要洗的，忘记了，你洗一下吧。
　　 问：女的让男的做什么？

23. 女：别忘了拿帽子，外面太阳很大。
　　 男：好，爬山的时候最需要帽子了。
　　 问：男的要去做什么？

24. 男：妈妈，我想吃一块儿糖。
　　 女：你已经刷过牙要睡觉了，明天再吃吧。
　　 问：男的为什么不能吃糖？

25. 女：经理为什么叫我？
　　 男：她办公室的电脑出现了问题，让你去检查一下。
　　 问：谁的电脑坏了？

26. 男：请问，这本汉语字典我可以借几天？
    女：一个星期，下星期五应该还回来。
    问：他们可能在哪儿？

27. 女：这门中国历史我为什么不能选？
    男：这是给二、三年级的学生开的课，你们低年级学生听不懂。
    问：女的可能读几年级？

28. 男：祝你生日快乐！这是送你的礼物。
    女：啊！这个包真漂亮，而且是我最喜欢的黄色。
    问：男的送了女的什么礼物？

29. 女：你找女朋友的要求是什么？
    男：漂亮不漂亮没关系，但一定要聪明。
    问：男的喜欢什么样的女孩儿？

30. 男：这个周末我们带文文去动物园看熊猫吧。
    女：好，星期六我有个会议必须参加，星期天去吧。
    问：他们打算什么时候去动物园？

第四部分

一共10个题，每题听两次。

例如：女：晚饭做好了，准备吃饭了。
    男：等一会儿，比赛还有三分钟就结束了。
    女：快点儿吧，菜冷了就不好吃了。
    男：你先吃，我马上就看完了。
    问：男的在做什么？

现在开始第31题：

31. 男：刘老师，我有点儿发烧，可能感冒了，今天不去上课了。
    女：好的，你最好去看一下医生。

男：知道了，我让刘雪把昨天的作业带给您。
女：好，你多喝点儿水，好好儿休息。
问：男的为什么不去上课？

32. 女：我们三点半从家走可以吧？
    男：还是三点吧，今天是周末，路上车多。
    女：机票、钱都带好了吧？还有护照。
    男：放心，都带上了。
    问：他们要去哪儿？

33. 男：妈，你快下去吧，火车马上要开了。
    女：好，我走了，你多注意身体。
    男：我会照顾好自己的。
    女：记得多给家里打电话。
    问：关于男的，可以知道什么？

34. 女：您看这种怎么样？很漂亮，还能照相。
    男：我耳朵不好，想要声音大一点儿的。
    女：这个声音特别清楚，而且还能上网。
    男：对我们老人来说，越简单越好，能打电话就可以。
    问：他们在买什么？

35. 男：你家这个地方真好，附近有超市、医院和地铁，多方便。
    女：其他都很满意，就是我们这个楼没电梯。
    男：不坐电梯还能锻炼身体呢。
    女：你说得也对。
    问：女的对什么不满意？

36. 女：张叔叔，您开车多久了？
    男：三十多年了，从18岁一直到现在。
    女：一天八小时都在开车，多累啊！没想过换一个工作吗？
    男：但是我除了开车什么都不会啊。
    问：男的是做什么工作的？

37. 男：真没想到会在这儿遇到你。
    女：是啊，已经十多年没见了。
    男：但你一点变化都没有，跟大学时一样。
    女：虽然我知道不是真话，但听了还是很高兴。
    问：他们可能是什么关系？

38. 女：来，多吃点鱼，今天的鱼特别新鲜。
    男：谢谢阿姨，我已经吃饱了。
    女：你来北京后习惯吗？
    男：吃的住的还可以，就是觉得天气太热了。
    问：男的不习惯什么？

39. 男：你喜欢看什么样的电视节目？
    女：我最喜欢看体育节目，特别是足球比赛。
    男：我也是，新闻也比较喜欢。
    女：下次有足球比赛一起看吧，人多了才有意思。
    问：女的喜欢看什么节目？

40. 女：喂，已经七点一刻了，你怎么还没到啊？
    男：电影不是还有十五分钟才开始吗？我马上就到。
    女：我还没吃晚饭，你呢？
    男：吃了一碗面条儿，我给你买了面包。
    问：电影几点开始？

听力考试现在结束。

HSK（三级）全真模拟试题（第6套）听力材料

（音乐，30秒，渐弱）

大家好！欢迎参加HSK（三级）考试。
大家好！欢迎参加HSK（三级）考试。
大家好！欢迎参加HSK（三级）考试。

HSK（三级）听力考试分四部分，共40题。
请大家注意，听力考试现在开始。

第 一 部 分

一共10个题，每题听两次。

例如：男：喂，请问张经理在吗？
　　　女：他正在开会，您半个小时以后再打，好吗？

现在开始第1到5题：

1. 女：这是上次我们全家一起照的照片。
   男：中间这个是你吗？不太像啊。

2. 男：妈妈，我饿了，有吃的吗？
   女：饭马上就好，桌子上有面包和果汁，先吃点儿吧。

3. 女：爸爸，今天我帮妈妈做菜了。
   男：是吗？我们的女儿长大了，能帮妈妈的忙了。

4. 男：厨房的灯怎么没关？
   女：我刚才打扫厨房，忘记关了。

5. 女：我已经不发烧了，我的感冒好了。
   男：医生说还需要再吃几次药，快吃吧。

现在开始第6到10题：

6. 男：今天这么热，你怎么骑自行车去了？
   女：我每天都骑车，而且，我就喜欢这样的大晴天。

7. 女：爸爸，世界上有这么多国家啊。
   男：对啊，每个国家都是不一样的，都有自己的历史和文化。

8. 男：我以前的女朋友就要跟别人结婚了。
   女：别难过，会有更好的女孩儿爱上你的。

9. 女：我在超市买了点儿香蕉，很甜，吃吗？
   男：看着很新鲜，给我一根吧。

10. 男：你怎么拿出来这么多双鞋？
    女：我要去参加一个会议，你看我穿哪双好？

第二部分

一共10个题，每题听两次。

例如：为了让自己更健康，他每天都花一个小时去锻炼身体。
   ★ 他希望自己很健康。

   今天我想早点儿回家。看了看手表，才5点。过了一会儿再看表，还是5点，我这才发现我的手表不走了。
   ★ 那块儿手表不是他的。

现在开始第11题：

11. 我阿姨在一家宾馆上班，她帮客人打扫房间，除了星期天她每天都要工作。
    ★ 阿姨一个星期工作六天。

12. 记得儿子两岁时，第一次带他住宾馆，他在房间里东看看西看看，觉得什么都很奇怪，看见什么都很高兴。
    ★ 儿子不喜欢住宾馆。

13. 别站在这儿啊，快过去帮忙，那些书都搬到二层的办公室，再把楼上的旧书搬下来。
    ★ 他们正在搬家里的东西。

14. 虽然我很喜欢小狗，但是丈夫很害怕小狗，所以结婚后我就把小狗送给了喜欢动物的爷爷奶奶。
    ★ 爷爷奶奶喜欢小狗。

15. 妈妈，你别天天坐在家里看电视，附近公园里有很多老人在锻炼身体，你也去吧。
    ★ 妈妈经常锻炼。

16. 北方的春夏秋冬分得很清楚，我喜欢住在北方；南方很多城市，一年几乎只有一个季节。
    ★ "我"住在北方。

17. 我明白你这样做是关心我，为了我好，但我已经不是小孩儿了，我希望，而且也应该自己去解决问题。
    ★ "我"希望别人帮"我"解决问题。

18. 我在图书馆借了一本字典，今天必须还，但我下午要去机场接朋友，你帮我还一下，可以吗？
    ★ "我"请朋友帮"我"借一本字典。

19. 女儿今天在电视上看到了熊猫,觉得它胖胖的,长得很可爱,我决定明天带她去看真的熊猫。
    ★ 女儿喜欢熊猫。

20. 东东,我现在在地铁里,十五分钟以后才能到家,你能不能帮我把米洗干净,再把冰箱里的羊肉拿出来?
    ★ "我"还在回家的路上。

第 三 部 分

一共 10 个题,每题听两次。

例如:男:小王,帮我开一下门,好吗?谢谢!
　　　女:没问题。您去超市了?买了这么多东西。
　　　问:男的想让小王做什么?

现在开始第 21 题:

21. 女:这儿环境真好,有花、有树、有草,给我照张相吧。
    男:照相机放车上了,没带下来。
    问:男的是什么意思?

22. 男:我最近耳朵总是很疼,但没时间去医院。
    女:还是去医院找小张给你检查一下吧,身体健康最重要。
    问:小张可能是做什么的?

23. 女:六点半的火车,我们就在家简单吃点儿吧。
    男:好的,吃面条儿吧,最快了。
    问:他们吃了饭要去哪儿?

24. 男:你的脸红红的,是不是不舒服啊?
    女:没有,中午跟同事喝了点儿啤酒。
    问:女的为什么脸红?

25. 女：叔叔、阿姨，火车来了，你们回去吧。
    男：路上注意，照顾好自己，到学校来个电话。
    问：谁要回学校？

26. 男：妈妈，洗手间的灯坏了吗？
    女：对，你一会儿洗澡的时候要小心点儿。
    问：女的希望男的怎么样？

27. 女：会怎么还不结束？已经开了两个小时了。
    男：是啊，都六点了，可能经理忘记要下班了。
    问：会议是几点开始的？

28. 男：请你用这几个词语说一个句子。
    女：这还不容易？你让我说一大段话都没问题。
    问：女的觉得男的要求怎么样？

29. 女：你觉得飞飞会像他们说的那么做吗？
    男：我认为我们应该相信孩子。
    问：男的是什么意思？

30. 男：太好了，这个周末一共卖了7个空调。
    女：我刚才又卖出去两个。
    问：他们一共卖了多少个空调？

第四部分

一共10个题，每题听两次。

例如：女：晚饭做好了，准备吃饭了。
　　　男：等一会儿，比赛还有三分钟就结束了。
　　　女：快点儿吧，菜冷了就不好吃了。
　　　男：你先吃，我马上就看完了。
　　　问：男的在做什么？

现在开始第 31 题：

31. 男：祝你生日快乐！这个蛋糕是我送你的礼物。
    女：这是你做的蛋糕吗？
    男：对啊，我第一次做，担心会不好吃。
    女：一定很好吃，谢谢你。
    问：关于女的，可以知道什么？

32. 女：我 15 岁离开上海，到现在已经 50 年过去了。
    男：这么多年一直没回去过吗？
    女：没有。
    男：上海的变化大极了，您有机会一定要回去看看。
    问：女的多大年纪了？

33. 男：妈妈，我房间里的椅子有点儿矮了，坐着不舒服。
    女：是吗？我发现你最近长高了。
    男：给我换一个高点儿的椅子吧。
    女：好，明天我去商店买把新的。
    问：男的想要什么样的椅子？

34. 女：你看今天的月亮真大，真漂亮！
    男：今天是八月十五，是我们中国非常重要的一个节日。
    女：是吗？那在这个节日你们都做什么呢？
    男：和家人一起吃饭，看月亮。
    问：八月十五中国人会做什么？

35. 男：你儿子画画儿水平真不错，有人教他吗？
    女：没有人教，他喜欢画，所以经常画。
    男：看来，兴趣是最好的老师。
    女：是的，他不喜欢学数学，所以他的数学成绩啊，我一看就生气。
    问：关于女的儿子，哪个是对的？

36. 女：张校长，您好，好久不见！
    男：好久不见，去上课吗？几楼？
    女：八楼，您呢？
    男：我去三楼开会，我到了，再见。
    问：他们可能在哪儿？

37. 男：其实汉字没你们想的那么难。
    女：你是中国人，当然这么说了。
    男：你看这个字，女人的"女"表示意思，骑马的"马"表示读音。
    女：真的很有意思啊。
    问：男的说的是哪个汉字？

38. 女：你觉得蓝色的裙子和绿色的裙子哪条好？
    男：我觉得你穿裤子和衬衫更漂亮。
    女：但是，大家都会穿裙子的。
    男：其他人都穿裙子，你才更应该穿裤子，简简单单多漂亮。
    问：男的为什么让女的穿裤子？

39. 男：我今天不出去运动了，吃得太饱了。
    女：吃太多对身体不好。
    男：主要是你做饭水平越来越高了，我都不愿意放筷子了。
    女：真的这么好吃啊？
    问：男的今天不想做什么？

40. 女：我今天在街上遇到刘小如了。
    男：真的吗？你们有十年没见面了吧？
    女：是啊，但她还是像读大学时那样年轻漂亮。
    男：周末请她到家里坐坐吧。
    问：女的跟刘小如可能是什么关系？

听力考试现在结束。

HSK（三级）全真模拟试题（第7套）听力材料

（音乐，30秒，渐弱）

大家好！欢迎参加 HSK（三级）考试。
大家好！欢迎参加 HSK（三级）考试。
大家好！欢迎参加 HSK（三级）考试。

HSK（三级）听力考试分四部分，共40题。
请大家注意，听力考试现在开始。

第一部分

一共10个题，每题听两次。

例如：男：喂，请问张经理在吗？
　　　女：他正在开会，您半个小时以后再打，好吗？

现在开始第1到5题：

1. 女：你觉得这件衬衫怎么样？
　　男：一般吧，没什么特别的地方。

2. 男：我们快点儿打扫吧，同学们就要到了。
　　女：好，大家看到教室变得这么干净，一定很高兴。

3. 女：太好了，我又瘦了。
　　男：瘦是瘦了，但你经常不吃晚饭身体能好吗？

4. 女：爸爸，你买的苹果真甜真好吃。
　　男：是吗？吃完以后不要忘记刷牙啊。

5. 男：孩子哪里不舒服？
   女：她说最近肚子经常疼，您给她检查一下吧。

现在开始第6到10题：

6. 男：文文，快来帮个忙，帮我拿几个盘子。
   女：好的，马上就来。

7. 女：爷爷，您刚才讲的那个故事真有意思。
   男：那不是故事，是爷爷奶奶年轻的时候遇到的真事。

8. 男：我英语不好，你帮我看看这段话写得对不对？
   女：这个句子有点儿问题，其他的都很好。

9. 女：我的眼镜呢？今天外面太热，我得带着。
   男：它不就在你的包上面吗？

10. 男：我觉得你是世界上最可爱的女孩儿，你愿意跟我结婚吗？
    女：太突然了，你能让我想想吗？

第 二 部 分

一共10个题，每题听两次。

例如：为了让自己更健康，他每天都花一个小时去锻炼身体。
   ★ 他希望自己很健康。

今天我想早点儿回家。看了看手表，才5点。过了一会儿再看表，还是5点，我这才发现我的手表不走了。
   ★ 那块儿手表不是他的。

现在开始第 11 题：

11. 他家的花园里有很多花儿，红的、黄的，最特别的是还有蓝色的花儿，邻居们没事都喜欢去他家喝茶、看花儿。
    ★ 他不喜欢颜色特别的花儿。

12. 我的自行车被朋友骑走了，而且路比较远，骑车太累，还是坐地铁去吧。
    ★ "我"决定坐地铁去。

13. 我每天都是差十分七点起床，看二十分钟新闻，然后洗澡吃早饭，早饭是果汁、面包和鸡蛋。
    ★ "我"早上七点十分起床。

14. 过去的事情就让它过去吧，我这个经理也有很多做得不好的地方，大家都要向前看，我相信只要我们一起努力，公司会越来越好的。
    ★ "我"是这个公司的经理。

15. 朋友告诉我，要想健康很简单，饭别吃得太饱，每天都运动，多笑笑少生气。
    ★ 朋友很健康。

16. 我习惯一边吃饭一边看书，上小学三年级的儿子像我一样喜欢边吃饭边看书。他的眼睛现在越来越差，对学习成绩有很大的影响。
    ★ 儿子有一个坏习惯。

17. 天热时开空调会使人觉得舒服，但不要 24 小时开着空调，因为这样可能会得一种"空调"病。
    ★ 空调不要开太长时间。

18. 刘校长，事情的经过就是这样，两个孩子都想先骑马，谁也不让谁，但没出什么大事，我已经解决了，您不用担心。
    ★ 刘校长喜欢骑马。

19. 上次爬山回来小张就感冒发烧了，病了很久。这次说什么也不敢去了，说是害怕再生病。其实如果她能经常锻炼锻炼，就不会那么容易生病了。
    ★ 小张经常爬山。

20. 我记得这个城市以前的环境很不好，刮风的时候，走在街上都看不清楚路，现在怎么变得这么干净这么漂亮？
    ★ 这个地方变化很大。

第 三 部 分

一共10个题，每题听两次。

例如：男：小王，帮我开一下门，好吗？谢谢！
　　　女：没问题。您去超市了？买了这么多东西。
　　　问：男的想让小王做什么？

现在开始第21题：

21. 女：怎么又看电视了？作业写完了吗？
    男：妈妈，再看一会儿行吗？这是我最喜欢的节目了。
    问：女的希望男的做什么？

22. 男：动物园附近没有吃饭的地方，买点儿面包带着吧。
    女：放心，我已经在超市买好了。
    问：他们准备去哪儿？

23. 女：你能把音乐的声音关小点儿吗？我在复习。
    男：啊，对不起，我以为这儿只有我一个人呢。
    问：下面哪个是对的？

24. 男：新鲜的葡萄便宜了，八块钱两斤。
    女：给我来四斤吧。
    问：葡萄多少钱一斤？

25. 女：您想要什么样的房间？
    男：我要一个双人间，最好安静一点儿的。
    问：女的可能是做什么工作的？

26. 男：你昨天给我买的裤子有点儿短。
    女：那我明天去给你换一条。
    问：男的想要什么样的裤子？

27. 女：我今天把桌子上那些不用的旧书都卖了。
    男：啊？那本绿色的书里有几张很重要的照片。
    问：男的现在心情怎么样？

28. 男：北方这个时候都下雪了，但是这儿还是像春天一样。
    女：所以啊，我们这儿也叫"春城"。
    问：现在是什么季节？

29. 女：请问洗手间在哪儿？
    男：这一层没有，要再上一层，三楼才有。
    问：他们现在在几楼？

30. 男：我最喜欢秋天了，天气不冷也不热，很舒服。
    女：我喜欢秋天是因为能吃到很多种水果。
    问：女的为什么喜欢秋天？

第四部分

一共 10 个题，每题听两次。

例如：女：晚饭做好了，准备吃饭了。
　　　男：等一会儿，比赛还有三分钟就结束了。
　　　女：快点儿吧，菜冷了就不好吃了。
　　　男：你先吃，我马上就看完了。
　　　问：男的在做什么？

现在开始第31题：

31. 男：王真写的那本书你还了没有？
    女：还没，我打算下午去图书馆。
    男：我想看一下，明天我去还，可以吗？
    女：当然可以了。
    问：谁会去还书？

32. 女：小刚，你脸上白的是什么？
    男：妈妈，我给你做了面条儿。
    女：啊！你自己做的吗？
    男：是的，妈妈，祝你生日快乐！
    问：男的为什么做面条儿？

33. 男：你走路都分不清东西南北，怎么开车呢？
    女：这有什么奇怪的？我有电子地图啊。
    男：如果有变化，地图能知道吗？
    女：没问题，可以上网下新的地图。
    问：关于女的可以知道什么？

34. 女：这么晚了，你还出去啊？
    男：接到老李的电话，有个病人出了一些问题。
    女：那你快去吧。
    男：你先睡吧，别等我了。
    问：男的可能是做什么的？

35. 男：刘阿姨好！
    女：是东东啊，好久不见，长这么高了。
    男：阿姨，王叔叔在家吗？
    女：在，别站着啊，快进来坐。
    问：关于男的可以知道什么？

36. 女：我记得你上学时是班里普通话最差的一个。
    男：现在不一样了吧？
    女：是啊，现在说得特别好。
    男：听你这么说真高兴。
    问：男的普通话说得怎么样？

37. 男：天黑了，怎么不开灯呢？
    女：正想着晚上吃什么呢，忘了开了。
    男：除了面条儿，你做什么我都爱吃。
    女：好，先去洗个澡吧，半小时后吃饭。
    问：男的不喜欢吃什么？

38. 女：我们也买车吧，几万块钱就能买一辆了。
    男：不是钱的问题，坐地铁比自己开车更方便啊。
    女：但很多地方地铁都不到啊。
    男：马上就有几条新开的地铁了，哪儿都能去。
    问：男的为什么不想买车？

39. 男：要带两个行李箱啊？
    女：东西很多，鞋、帽子、电脑、照相机什么的都要带。
    男：又不是去工作，带电脑干什么？
    女：白天玩儿，晚上可以在宾馆打游戏啊。
    问：他们要去做什么？

40. 女：你第一次离家这么远去学习，在外面要多小心。
    男：妈，你也要照顾好自己。
    女：护照和机票都放好了吗？
    男：放好了，您回去吧，我进去了。
    问：他们可能在哪儿？

听力考试现在结束。

HSK（三级）全真模拟试题（第8套）听力材料

（音乐，30秒，渐弱）

大家好！欢迎参加 HSK（三级）考试。
大家好！欢迎参加 HSK（三级）考试。
大家好！欢迎参加 HSK（三级）考试。

HSK（三级）听力考试分四部分，共 40 题。
请大家注意，听力考试现在开始。

第 一 部 分

一共 10 个题，每题听两次。

例如：男：喂，请问张经理在吗？
　　　女：他正在开会，您半个小时以后再打，好吗？

现在开始第 1 到 5 题：

1. 女：我吃面包，喝果汁，你呢？
   男：给我一杯咖啡吧。

2. 男：大熊猫是我最喜欢的动物了。
   女：我也觉得熊猫胖胖的，很可爱。

3. 女：祝你生日快乐！这是我送你的礼物。
   男：谢谢你记得我的生日。

4. 男：不知道你喜欢什么水果，我就每种都买了一些。
   女：我最喜欢吃香蕉和葡萄。

5. 女：我新买的帽子怎么样？
   男：还可以，如果你是短头发可能会更好。

现在开始第 6 到 10 题：

6. 男：我的护照找到了吗？
   女：找到了，放在你的行李箱上面了。

7. 女：医生，我最近经常牙疼，特别是刷牙的时候。
   男：好，我先给你检查一下。

8. 男：你骑马骑得真好，能教教我吗？
   女：没问题，其实骑马很容易的。

9. 女：我把那件绿衬衫放在桌子上了，洗完澡换上。
   男：好的，知道了。

10. 男：这么多鞋，就没有一双你满意的吗？
    女：有的颜色不好，有的穿着不舒服，再去别家看看吧。

第二部分

一共 10 个题，每题听两次。

例如：为了让自己更健康，他每天都花一个小时去锻炼身体。
   ★ 他希望自己很健康。

今天我想早点儿回家。看了看手表，才 5 点。过了一会儿再看表，还是 5 点，我这才发现我的手表不走了。
   ★ 那块儿手表不是他的。

现在开始第 11 题：

11. 他小时候总是希望自己快点儿长大，长大后才发现，其实小时候是最快乐的。
    ★ 小时候他不想长大。

12. 这是我上个星期在你们这儿买的照相机，只用了两次就坏了，你看，能不能帮我换一个新的？
    ★ "我"新买的照相机坏了。

13. 虽然我是北京人，但是我的普通话说得不是很好。因为我是在国外长大的，18岁才回北京。
    ★ "我"是在北京长大的。

14. 我也知道运动对身体非常重要，但每天上班又忙又累，回家还要洗衣做饭，哪有时间锻炼呢？
    ★ "我"没有时间锻炼身体。

15. 今天是九月十号，是老师的节日，很多学生给我发电子邮件祝我节日快乐，还有学生送给我漂亮的花儿。
    ★ "我"是一个老师。

16. 学校附近有一个环境比较好、也很干净的宾馆，妈妈下星期来中国，我打算让她住在那儿。
    ★ 妈妈现在住在宾馆。

17. 今天是周末，孩子去爷爷奶奶家玩儿了，我和丈夫没什么事，就去商店买东西，我买了一条裙子，丈夫买了一条裤子。
    ★ 他们经常去买东西。

18. 手机的作用越来越多，但最主要的还是用来打电话。用手机打电话时要注意：第一，不要打太长时间；第二，手机离耳朵不要太近。
    ★ 用手机时要注意一些问题。

19. 刚才新闻里说北方有些城市下了特别大的雪，街道上因为雪太多车都没办法开了，而且非常冷，你说这天气是怎么了？

★ 南方没下雪。

20. 看电视爸爸最喜欢看体育节目，特别是比赛，什么篮球比赛、足球比赛、游泳比赛他都喜欢。但奇怪的是，这么喜欢看体育节目的爸爸一点儿也不喜欢运动。

★ 爸爸篮球打得很好。

第 三 部 分

一共10个题，每题听两次。

例如：男：小王，帮我开一下门，好吗？谢谢！
女：没问题。您去超市了？买了这么多东西。
问：男的想让小王做什么？

现在开始第21题：

21. 女：明天我搬家，你能来帮忙吗？
男：当然，你的忙我能不帮吗？
问：男的是什么意思？

22. 男：今天是周末，你怎么不多睡一会儿呢？
女：我以为今天是星期五呢，起床才发现昨天是星期五。
问：今天是星期几？

23. 女：地图上看着那么近，怎么开了三十分钟还没到？
男：你别着急啊，马上就到了。
问：女的觉得那个地方怎么样？

24. 男：老张的钱你今天还给他了吗？
女：没有，他女儿突然发烧，所以今天没来上班，明天吧。
问：女的明天要做什么？

25. 女：你每个星期都去爬山吗？
    男：是的，我和孩子一起去，爬山是他最大的爱好。
    问：男的为什么每个星期都去爬山？

26. 男：请问，我要的面条儿做好了吗？我快迟到了。
    女：对不起，马上就来，今天客人比较多。
    问：他们可能在哪儿？

27. 女：这个节目真没意思，换一个吧。
    男：别换，足球比赛就要开始了，我都等了四年了。
    问：他们在做什么？

28. 男：你觉得这个问题这样解决怎么样？
    女：我觉得不错，但必须经过经理同意。
    问：谁能做决定？

29. 女：雨越下越大了，我们在这儿买把伞吧。
    男：这么大的雨，有伞也没用，还是等等吧。
    问：男的是什么意思？

30. 男：你今天不是要开会吗？已经七点三刻了。
    女：开车不到十分钟就能到公司，我五分钟后再出门。
    问：女的可能几点到公司？

第 四 部 分

一共10个题，每题听两次。

例如：女：晚饭做好了，准备吃饭了。
    男：等一会儿，比赛还有三分钟就结束了。
    女：快点儿吧，菜冷了就不好吃了。
    男：你先吃，我马上就看完了。
    问：男的在做什么？

现在开始第 31 题：

31. 男：我们希望你明天就能来上班。
    女：好的，没问题。
    男：这个办公室是你的，左边是经理办公室，右边是会议室。
    女：谢谢你。
    问：哪个是女的办公室？

32. 女：爸爸，妈妈为什么不让我出国？
    男：她不愿意让你离开我们去那么远的国家。
    女：但是我真的很想去那儿学画画儿。
    男：你别担心，她会同意你去的。
    问：女的出国做什么？

33. 男：我喝了酒，今天你来开车吧。
    女：我半年没开了，开车水平又很差，有点儿不敢开了。
    男：不用怕，小心一点儿，慢慢儿开没问题。
    女：好吧，你要坐在我旁边。
    问：女的为什么不敢开车？

34. 女：叔叔，为什么我的牙会疼呢？
    男：你是不是吃过糖以后没有认真刷牙啊？
    女：我不喜欢刷牙。
    男：来，坐到椅子上来，叔叔帮你检查一下。
    问：男的可能是什么人？

35. 女：你看这张照片，文文两岁时照的，多可爱。
    男：对，已经过去二十多年了。
    女：是啊，她明天就要离开我们去别人家了。
    男：你别难过啊，这是件高兴的事。
    问：文文明天可能要做什么？

36. 女：我发现儿子数学成绩提高了很多。
    男：是的，他最近学习数学的热情比较高。
    女：一定是因为换了一个新老师。
    男：可能吧。对了，晚上吃什么啊？
    问：他们可能是什么关系？

37. 男：你要出去啊？外面刮风了。
    女：小王结婚，请我们吃饭。
    男：你别穿裙子了，小心感冒。
    女：新买的裙子呢，我要穿，不会感冒的。
    问：外面天气怎么样？

38. 女：你怎么玩儿起游戏了？你不是说吃了晚饭你洗碗吗？
    男：我把碗洗完了啊。
    女：那些盘子怎么没洗呢？
    男：我说我洗碗，没说我洗盘子啊。
    问：男的正在做什么？

39. 男：你爷爷七十多岁了还在学电脑啊？
    女：他对新鲜的东西都很有兴趣。
    男：他现在电脑水平怎么样？
    女：很好啊，还经常上网给朋友写电子邮件呢。
    问：爷爷为什么要学电脑？

40. 女：好久没见了，周末一起吃饭吧。
    男：这个周末我要去北京开会。
    女：你总是没时间，你说，我重要还是工作重要？
    男：别生气啊，当然是你更重要，下个周末我一定去看你。
    问：男的是什么意思？

听力考试现在结束。

HSK（三级）全真模拟试题（第9套）听力材料

（音乐，30秒，渐弱）

大家好！欢迎参加 HSK（三级）考试。
大家好！欢迎参加 HSK（三级）考试。
大家好！欢迎参加 HSK（三级）考试。

HSK（三级）听力考试分四部分，共40题。
请大家注意，听力考试现在开始。

第 一 部 分

一共10个题，每题听两次。

例如：男：喂，请问张经理在吗？
　　　女：他正在开会，您半个小时以后再打，好吗？

现在开始第1到5题：

1. 女：你看，外边草都绿了，春天真的来了。
   男：是啊，这种天气如果不上班，在外边走走多舒服啊。

2. 男：菜单上的这些菜看起来都不错，你想要点儿什么？
   女：除了面条儿我吃什么都可以。

3. 女：黑板上这些词语怎么用你们都明白了吗？
   男：老师，第三个词我还是不太明白。

4. 男：我要买一张明天下午去上海的机票。
   女：请把您的护照给我看一下。

5. 女：你复习好了吗？
   男：还有这么多呢，真担心复习不完。

现在开始第 6 到 10 题：

6. 男：我的腿好多了，现在没那么疼了。
   男：您下次锻炼身体的时候要小心点儿。

7. 女：到吃饭的时间了，吃饱了饭再工作吧。
   男：等我一会儿，我看完这个电子邮件。

8. 男：你看，太阳已经出来了。
   女：我还是第一次在飞机上看日出呢，真漂亮啊！

9. 女：你看，这双鞋怎么样？
   男：你有那么多鞋了，还要买啊？

10. 男：你怎么瘦了那么多？
    女：我每天早上跑步，跑了一年多，已经瘦了二十公斤了。

第 二 部 分

一共 10 个题，每题听两次。

例如：为了让自己更健康，他每天都花一个小时去锻炼身体。
   ★ 他希望自己很健康。

今天我想早点儿回家。看了看手表，才 5 点。过了一会儿再看表，还是 5 点，我这才发现我的手表不走了。
   ★ 那块儿手表不是他的。

现在开始第 11 题：

11. 妈妈，你讲完故事后我可以自己睡，但是你不要关灯好吗？我害怕。
    ★ "我"想关灯睡觉。

12. 他的普通话说得好极了，对中国的历史文化也比较了解，我还以为他是中国人呢。
    ★ 他不是中国人。

13. 我要先去银行，然后才能跟你去超市，你在家上一会儿网，我给你打电话你再下楼。
    ★ "我"不想去超市。

14. 新闻上说，上海的房子越来越贵了，没有几百万别想买房子，我们还是让小刚回南京来工作吧。
    ★ 小刚现在在上海工作。

15. 对女孩儿来说，又漂亮又可爱当然是最好的，但是如果只能选择一个，我希望以后的女朋友是个可爱的女孩儿。
    ★ 漂亮比可爱更重要。

16. 两个月不见，他瘦多了，脸色也不太好，一问才知道他们公司最近忙得很，他几乎都没时间睡觉，能不瘦吗？
    ★ 他最近生病了，瘦了很多。

17. 电梯、汽车给人们带来了很多方便，很多人已经习惯了出门坐车、上楼坐电梯，但其实这样对身体是不好的，如果有时间还是应该多走路。
    ★ 多走路对身体好。

18. 他的耳朵从小就听不到声音，一般来说，耳朵听不到的人都不会说话，但他的妈妈每天教他，让他练习说话，经过几年的努力，他终于会说话了。
    ★ 他现在会说话。

19. 在中国，南方人喜欢吃米饭，北方人喜欢吃面条儿。我以前就经常吃面条儿，现在天天吃米饭真不习惯，但没办法，我丈夫一口面条儿也不吃。
    ★ "我"是南方人。

20. 老张，我把地图、帽子、太阳眼镜放包里了，山上风大，你要不要拿件衬衫？再带点儿面包和果汁吧，如果饿了，可以吃点儿。
    ★ 老张要去爬山。

第 三 部 分

一共10个题，每题听两次。

例如：男：小王，帮我开一下门，好吗？谢谢！
　　　女：没问题。您去超市了？买了这么多东西。
　　　问：男的想让小王做什么？

现在开始第21题：

21. 女：已经十一点了，你怎么还在玩儿游戏？
    男：我就这么点儿爱好，上班累了一天，你让我玩儿一下吧。
    问：女的想让男的做什么？

22. 男：王老师，马上要开会了，你怎么还没到学校呢？
    女：校长，我女儿发烧了，我可能要迟到一会儿。
    问：女的是什么意思？

23. 女：爸爸，熊猫会不会爬树啊？
    男：我也不知道，这样吧，爸爸明天带你去看看。
    问：他们明天可能要去哪儿？

24. 男：你的开车水平怎么越来越差了？
    女：我开得少，街上车那么多，我不太敢开。
    问：女的为什么很少开车？

25. 女：检查了吗？医生怎么说？
    男：我今天吃了早饭，医生让我明早别吃饭去检查。
    问：关于男的，下面哪一个是对的？

26. 男：王老师的作业很多，对我们的要求也太高。
    女：这还不是为了你们好吗？我认为他不错。
    问：女的觉得王老师怎么样？

27. 女：外面刮大风了，云也变黑了，快把衣服拿进来吧。
    男：我看报纸了，今天没有雨。
    问：男的是什么意思？

28. 男：您好，请问去哪儿？
    女：我去机场，还有一个行李箱没拿下来，请等一下。
    问：男的可能是做什么的？

29. 女：请问，有无糖面包吗？
    男：无糖的卖完了，还有一种低糖的可以吗？
    问：女的想买什么？

30. 男：你看，中间这个人是我，左边是爷爷。
    女：你右边这个是奶奶吧，她那时真年轻啊。
    问：他们可能在做什么？

第 四 部 分

一共10个题，每题听两次。

例如：女：晚饭做好了，准备吃饭了。
    男：等一会儿，比赛还有三分钟就结束了。
    女：快点儿吧，菜冷了就不好吃了。
    男：你先吃，我马上就看完了。
    问：男的在做什么？

现在开始第 31 题：

31. 女：我们中午吃面条儿吧，你会用筷子吗？
    男：当然，我从小就会。
    女：那你以前来过中国吧。
    男：没有，这是第一次，但我们国家有的地方也用筷子。
    问：关于男的，我们知道什么？

32. 女：爸爸，您对李可满意吗？
    男：人看起来还不错，就是不太爱说话。
    女：是的，他是个比较安静的人，但他对我很好。
    男：只要他对你好，爸爸就同意你们结婚。
    问：女的跟李可是什么关系？

33. 男：葡萄多少钱一斤？
    女：五块钱一斤，这种绿葡萄很甜，超市要卖六块呢。
    男：给我来四斤吧。
    女：好的，四斤一共二十块。
    问：男的买的葡萄多少钱一斤？

34. 女：小明这孩子，我上课讲什么他总是第一个就能明白。
    男：那他为什么每次考试成绩都不好呢？
    女：他虽然聪明，但是不太认真。
    男：我们也发现这个问题了。
    问：小明为什么成绩不好？

35. 男：你上次说觉睡得不太好，现在怎么样了？
    女：吃了您给我开的药，现在好多了。
    男：药的主要作用是让你安静，安静后就容易睡着了。
    女：我想再开一个月的药。
    问：这种药有什么作用？

36. 男：做什么好吃的呢？
    女：你爱吃的羊肉，今天怎么这么早下班啊？
    男：下午我在外面开会，会议结束就没回公司。
    女：好，快去洗手，十分钟后就开饭了。
    问：女的让男的去做什么？

37. 男：你要出去啊？洗了头发不要马上出去。
    女：我去一下公司，没事儿，南方的冬天哪有那么冷。
    男：还是小心点儿好，最近感冒的人很多。
    女：谢谢你的关心，但是你看，我有帽子呢。
    问：女的是什么意思？

38. 女：真对不起，我迟到了，等了很久吧？
    男：我六点半就来了，等了半个小时。
    女：这个地方我以前没来过，找了半天。
    男：没关系，我一边等你一边听音乐了。
    问：现在可能几点了？

39. 男：喂，我没找到你说的那个超市。
    女：你现在在哪儿呢？
    男：在医院西门旁边的书店。
    女：你向东再走两百米就到了，我在超市门口等你。
    问：男的要去哪儿？

40. 女：这个节目真没意思，换一个吧。
    男：别换，足球比赛马上就开始了。
    女：我真不明白，你对球赛怎么有那么大的兴趣？
    男：那我也不明白，为什么你对买衣服有那么大兴趣？
    问：根据对话可以知道什么？

听力考试现在结束。

HSK（三级）全真模拟试题（第10套）听力材料

（音乐，30秒，渐弱）

大家好！欢迎参加 HSK（三级）考试。
大家好！欢迎参加 HSK（三级）考试。
大家好！欢迎参加 HSK（三级）考试。

HSK（三级）听力考试分四部分，共40题。
请大家注意，听力考试现在开始。

第 一 部 分

一共10个题，每题听两次。

例如：男：喂，请问张经理在吗？
　　　女：他正在开会，您半个小时以后再打，好吗？

现在开始第1到5题：

1. 女：你看我的鼻子，好疼啊！
   男：下次注意看路，不要一边走路一边听音乐了。

2. 男：阿姨，小妹妹太可爱了！
   女：等她长大了你带她一起玩儿，好不好？

3. 女：我是几内亚人，我们国家离中国很远。
   男：你在这上边找找看，你们的国家在哪儿。

4. 男：好久没骑自行车了，才骑了半个小时就累了。
   女：以后还是要多锻炼锻炼啊。

5. 女：这么热的天真不应该出来游泳。
   男：你害怕自己变黑吗？

现在开始第 6 到 10 题：

6. 男：你别难过了，工作没有了可以再找啊。
   女：但是那件事不是我的错啊，我又难过又生气。

7. 女：爷爷，这个故事是真的吗？小文看一次电视就这么高兴啊！
   男：当然是真的，那个时候电视还很少见呢。

8. 男：你又换了一辆新车？这车多少钱？
   女：十五万，以前那辆太旧了。

9. 女：你看，小猫在干什么呢？
   男：看来它是饿了，快给它找点儿吃的吧。

10. 男：妈妈，我饿了，饭好了没有？
    女：马上就做好了，你先吃个香蕉吧。

第 二 部 分

一共 10 个题，每题听两次。

例如：为了让自己更健康，他每天都花一个小时去锻炼身体。
   ★ 他希望自己很健康。

今天我想早点儿回家。看了看手表，才 5 点。过了一会儿再看表，还是 5 点，我这才发现我的手表不走了。
   ★ 那块儿手表不是他的。

现在开始第 11 题：

11. 我去北京开会，要经过上海，所以打算去看一下多年不见的老朋友。
    ★ "我"的朋友在上海。

12. 这个孩子，我们讲话他总是"左耳朵进，右耳朵出"，真没办法。
    ★ 孩子的耳朵不舒服。

13. 经理打算把大会议室搬到二楼，大家的办公室换到三楼，如果你们都同意，就这样决定了。
    ★ 办公室要搬到二楼。

14. 我跟她做邻居快十年了，我家做什么好吃的都会请她来一起吃，我不在家时她会帮我照顾孩子，我觉得她就像我的家人一样。
    ★ "我"跟邻居关系很好。

15. 老王，你别老在家看电视玩儿游戏，附近有很多小公园，你去锻炼锻炼身体，认识一些新朋友，多好啊。
    ★ 老王喜欢锻炼身体。

16. 很多人遇到不高兴的事情就会生气，其实认真想一想，生气有用吗？对解决问题一点儿帮助也没有。
    ★ 不应该生气。

17. 你从这儿向东走五百米，在红绿灯那儿就有一家很大的中国银行。
    ★ 中国银行在红绿灯的旁边。

18. 我们结婚四五年了，总是去我爸爸妈妈那儿吃饭，或者去饭店吃，几乎没在家做过饭，所以我们家的厨房特别干净。
    ★ 他们结婚九年了。

19. 说好了六点半见面，都六点三刻了，她还没来，每次都是这样，我怎么找了一个这么喜欢迟到的女朋友啊。
    ★ 女朋友第一次迟到。

20. 刚才去踢球没带水,我渴坏了,冰箱里有果汁,帮我拿一下,好吗?
    ★ 果汁在冰箱里。

第 三 部 分

一共 10 个题,每题听两次。

例如:男:小王,帮我开一下门,好吗?谢谢!
     女:没问题。您去超市了?买了这么多东西。
     问:男的想让小王做什么?

现在开始第 21 题:

21. 女:今天是什么节日啊?很多学生都拿着鲜花。
    男:九月十号是老师的节日,那些花可能是送给老师的。
    问:今天是谁的节日?

22. 男:你的头发怎么变得这么短了?
    女:天气太热了,长头发不舒服。
    问:现在可能是什么季节?

23. 女:飞机还没到吗?妈妈怎么还没出来?
    男:她刚才打电话给我了,正在等行李箱呢。
    问:妈妈为什么还没出来?

24. 男:服务员,再拿两杯啤酒。
    女:别喝了,吃了饭不是要去骑马吗?
    问:他们可能在什么地方?

25. 女:这些信都是你爸爸年轻的时候写给我的。
    男:这么多啊,真想不到不爱说话的爸爸能写这么长的信。
    问:关于爸爸,可以知道什么?

26. 男：小王最近给你打电话了吗？
    女：没有，电子邮件也没有，他不会有什么事吧？
    问：女的现在怎么样？

27. 女：今天天气真好，我们出去走走吧。
    男：天气是很好，但是我的工作还没完成呢。
    问：男的是什么意思？

28. 男：现在差一刻七点，我们几点从家走？
    女：从这儿到火车站只要半个小时，我们过十分钟再走。
    问：他们几点出发？

29. 女：你有什么事吗？
    男：您今天在课上讲的几个句子，我还是不太明白。
    问：他们可能是什么关系？

30. 男：别难过了，没考好是因为题太难了。
    女：不是这样的，主要还是我自己复习得不好。
    问：女的为什么没考好？

第四部分

一共10个题，每题听两次。

例如：女：晚饭做好了，准备吃饭了。
    男：等一会儿，比赛还有三分钟就结束了。
    女：快点儿吧，菜冷了就不好吃了。
    男：你先吃，我马上就看完了。
    问：男的在做什么？

现在开始第 31 题：

31. 男：每天早饭都是牛奶和面包，能不能吃点儿别的？
    女：你想吃什么？米饭还是面条儿？
    男：面条儿吧，你会做吗？
    女：我当然不会做，但是可以去超市买啊。
    问：男的早饭想吃什么？

32. 女：你怎么一边开车一边打电话啊？
    男：我是个老司机了，不会出问题的。
    女：开车水平再高的人也会有不小心的时候。
    男：好吧，我听你的。
    问：男的是什么意思？

33. 男：如果有一天你突然有钱了，你想做什么？
    女：我想想……我想换一辆好车或者出去旅游，你呢？
    男：我会把一些钱送给那些需要钱的人。
    女：是吗？你真是一个好人。
    问：男的如果有钱了想做什么？

34. 女：我想买个照相机。
    男：你不是有一个吗？
    女：那个太旧了，而且太大，带着不方便。
    男：那你选一个喜欢的吧。
    问：他们可能在哪儿？

35. 男：检查完了吗？医生怎么说？
    女：他说可能是太累了，所以才会头疼。
    男：那你这两天别去上班了。
    女：公司最近太忙了，不能不去，我中午睡一会儿就好了。
    问：女的是什么意思？

36. 女：这么简单的事情我都做不好，我还能做什么呢？
    男：你来公司才一个星期，慢慢儿就会好的。
    女：以后你多教教我吧。
    男：没问题，你又聪明又努力，相信你一定能做好的。
    问：他们可能是什么关系？

37. 男：小文，再吃点儿，别客气。
    女：叔叔，我已经吃饱了，您菜做得真好。
    男：我没你王阿姨做得好，你下次再来，让她给你做好吃的。
    女：好，我还不会做饭呢，要跟阿姨学学。
    问：谁做饭做得最好？

38. 女：您快上来吧，大冬天的游了四十分钟，不冷吗？
    男：每次下水前我都先运动一下，身上热起来后才下水。
    女：您游了十年冬泳了，觉得自己有什么变化吗？
    男：身体好多了，这十年里几乎没有感冒过。
    问：男的刚才可能做什么了？

39. 男：儿子还不会走路呢，你买自行车干什么？
    女：这辆车现在才三百五，比以前便宜了一百五呢。
    男：你就为了一百多块钱啊？
    女：听我的没错，你说黄色的好还是蓝色的好？
    问：这辆自行车以前卖多少钱？

40. 女：你能把空调开小点儿吗？我觉得有点儿冷。
    男：是吗？那我关上吧。
    女：真不好意思，这么热的天，主要是我感冒了。
    男：没关系。这个季节怎么还会感冒啊？
    问：现在可能是什么季节？

听力考试现在结束。

HSK（三级）全真模拟试题（第1套）答案

一、听　力

第 一 部 分

1. C	2. F	3. A	4. E	5. B
6. C	7. D	8. B	9. A	10. E

第 二 部 分

11. ×	12. √	13. ×	14. √	15. ×
16. ×	17. √	18. √	19. ×	20. ×

第 三 部 分

21. C	22. B	23. C	24. C	25. A
26. C	27. B	28. A	29. C	30. B

第 四 部 分

31. C	32. B	33. B	34. A	35. C
36. B	37. C	38. A	39. B	40. C

二、阅　读

第 一 部 分

41. C	42. F	43. A	44. B	45. D
46. C	47. E	48. A	49. B	50. D

第 二 部 分

51. D	52. C	53. F	54. A	55. B
56. E	57. A	58. F	59. B	60. C

第 三 部 分

| 61. C | 62. C | 63. B | 64. B | 65. A |
| 66. B | 67. C | 68. A | 69. B | 70. C |

三、书　写

第 一 部 分

71. 她的成绩一直很好。
72. 你别去打球了。
73. 他吃得多快啊！
74. 他终于把衣服洗干净了。
75. 从这儿到公司有多远？/从公司到这儿有多远？

第 二 部 分

76. 年
77. 位
78. 高
79. 用
80. 月

HSK（三级）全真模拟试题（第2套）答案

一、听 力

第一部分

1. C	2. B	3. F	4. A	5. E
6. E	7. B	8. A	9. C	10. D

第二部分

11. √	12. ×	13. √	14. √	15. √
16. ×	17. ×	18. √	19. ×	20. ×

第三部分

21. C	22. B	23. A	24. B	25. A
26. B	27. B	28. B	29. B	30. A

第四部分

31. C	32. C	33. C	34. C	35. B
36. B	37. C	38. A	39. A	40. C

二、阅 读

第一部分

41. F	42. A	43. B	44. D	45. C
46. D	47. C	48. E	49. B	50. A

第二部分

51. F	52. B	53. A	54. D	55. C
56. A	57. F	58. E	59. B	60. C

第 三 部 分

| 61. C | 62. B | 63. A | 64. B | 65. C |
| 66. C | 67. B | 68. A | 69. B | 70. C |

三、书　写

第 一 部 分

71. 现在已经快十点了。
72. 你们宾馆有多少房间？
73. 我忘了带护照。
74. 你把空调打开吧。
75. 桌子上坐着一只可爱的小猫。

第 二 部 分

76. 门
77. 友
78. 手
79. 双
80. 乐

HSK（三级）全真模拟试题（第3套）答案

一、听 力

第一部分

1. C 2. B 3. E 4. A 5. F
6. C 7. D 8. A 9. E 10. B

第二部分

11. × 12. × 13. √ 14. √ 15. √
16. × 17. √ 18. √ 19. × 20. ×

第三部分

21. B 22. C 23. C 24. B 25. A
26. A 27. A 28. B 29. C 30. B

第四部分

31. C 32. C 33. B 34. A 35. C
36. C 37. A 38. A 39. A 40. C

二、阅 读

第一部分

41. F 42. A 43. D 44. C 45. B
46. B 47. D 48. E 49. C 50. A

第二部分

51. B 52. D 53. F 54. A 55. C
56. C 57. B 58. E 59. F 60. A

第 三 部 分

61. B	62. C	63. B	64. B	65. C
66. A	67. C	68. C	69. A	70. C

三、书 写

第 一 部 分

71. 我们一起去吧。

72. 你写完了没有？

73. 你的歌唱得真好听。

74. 我们必须想个好办法。

75. 小红叫我明天去她家玩儿。

第 二 部 分

76. 市

77. 电

78. 目

79. 单

80. 发

HSK（三级）全真模拟试题（第4套）答案

一、听　力

第 一 部 分

1. F   2. A   3. B   4. E   5. C
6. B   7. A   8. C   9. E   10. D

第 二 部 分

11. √   12. √   13. ×   14. √   15. ×
16. ×   17. ×   18. √   19. √   20. ×

第 三 部 分

21. A   22. B   23. C   24. C   25. B
26. C   27. B   28. A   29. C   30. B

第 四 部 分

31. C   32. C   33. A   34. C   35. B
36. C   37. C   38. A   39. A   40. C

二、阅　读

第 一 部 分

41. B   42. C   43. F   44. D   45. A
46. D   47. B   48. C   49. E   50. A

第 二 部 分

51. A   52. D   53. B   54. F   55. C
56. A   57. E   58. C   59. F   60. B

— 77 —

第 三 部 分

| 61. B | 62. C | 63. B | 64. B | 65. C |
| 66. B | 67. B | 68. A | 69. A | 70. B |

三、书　写

第 一 部 分

71. 他睡了一会儿。

72. 那个杯子是我的。/那个是我的杯子。

73. 你们学校有多少个学生？

74. 他站在教室的中间。

75. 我也有一件白色的衣服。/白色的衣服我也有一件。

第 二 部 分

76. 网

77. 市

78. 兴

79. 块

80. 冬

HSK（三级）全真模拟试题（第5套）答案

一、听　力

第 一 部 分

1. C 2. A 3. B 4. E 5. F
6. A 7. C 8. E 9. D 10. B

第 二 部 分

11. × 12. √ 13. √ 14. × 15. √
16. × 17. √ 18. × 19. √ 20. ×

第 三 部 分

21. A 22. C 23. A 24. B 25. C
26. C 27. A 28. B 29. B 30. C

第 四 部 分

31. A 32. B 33. C 34. A 35. A
36. C 37. B 38. C 39. B 40. B

二、阅　读

第 一 部 分

41. D 42. F 43. B 44. C 45. A
46. A 47. B 48. D 49. E 50. C

第 二 部 分

51. F 52. D 53. B 54. A 55. C
56. C 57. B 58. A 59. F 60. E

第 三 部 分

61. A	62. B	63. A	64. B	65. C
66. A	67. C	68. B	69. A	70. C

三、书 写

第 一 部 分

71. 我一般不喝啤酒。/一般我不喝啤酒。

72. 阿姨决定不去了。

73. 请别影响我学习。

74. 他被踢了一脚。/被他踢了一脚。

75. 这件事让姐姐特别难过。

第 二 部 分

76. 主

77. 心

78. 以

79. 名

80. 习

HSK（三级）全真模拟试题（第6套）答案

一、听　力

第 一 部 分

| 1. A | 2. C | 3. B | 4. F | 5. E |
| 6. A | 7. B | 8. E | 9. C | 10. D |

第 二 部 分

| 11. √ | 12. × | 13. × | 14. √ | 15. × |
| 16. × | 17. × | 18. × | 19. √ | 20. √ |

第 三 部 分

| 21. A | 22. C | 23. B | 24. A | 25. B |
| 26. C | 27. B | 28. A | 29. C | 30. C |

第 四 部 分

| 31. A | 32. C | 33. B | 34. C | 35. A |
| 36. B | 37. A | 38. C | 39. A | 40. B |

二、阅　读

第 一 部 分

| 41. F | 42. C | 43. A | 44. B | 45. D |
| 46. E | 47. B | 48. D | 49. C | 50. A |

第 二 部 分

| 51. D | 52. B | 53. F | 54. A | 55. C |
| 56. B | 57. F | 58. A | 59. C | 60. E |

第 三 部 分

| 61. B | 62. A | 63. C | 64. A | 65. C |
| 66. A | 67. B | 68. A | 69. C | 70. C |

三、书 写

第 一 部 分

71. 一般他在家吃饭。/他一般在家吃饭。

72. 我喜欢看历史故事。

73. 你敢跟我比赛吗?

74. 他奇怪地看着我。/我奇怪地看着他。

75. 我的成绩比他低两分。/他的成绩比我低两分。

第 二 部 分

76. 包

77. 东

78. 会

79. 可

80. 白

HSK（三级）全真模拟试题（第7套）答案

一、听 力

第一部分

1. E	2. B	3. C	4. A	5. F
6. E	7. A	8. C	9. D	10. B

第二部分

11. ×	12. √	13. ×	14. √	15. ×
16. √	17. √	18. ×	19. ×	20. √

第三部分

21. A	22. C	23. A	24. B	25. C
26. A	27. B	28. C	29. B	30. C

第四部分

31. A	32. B	33. A	34. A	35. B
36. C	37. B	38. C	39. A	40. C

二、阅 读

第一部分

41. C	42. B	43. D	44. F	45. A
46. A	47. B	48. D	49. C	50. E

第二部分

51. F	52. C	53. D	54. A	55. B
56. F	57. B	58. C	59. A	60. E

第 三 部 分

61. C 62. A 63. B 64. C 65. B
66. C 67. A 68. B 69. C 70. A

三、书 写

第 一 部 分

71. 他家里来客人了。/他家里来了客人。
72. 你把碗洗一下。
73. 经理是不会同意的。
74. 孩子还不会用筷子呢。
75. 我跟他有相同的爱好。/他跟我有相同的爱好。

第 二 部 分

76. 草
77. 比
78. 角
79. 办
80. 里

HSK（三级）全真模拟试题（第8套）答案

一、听　力

第 一 部 分

1. C	2. B	3. A	4. F	5. E
6. B	7. D	8. C	9. A	10. E

第 二 部 分

11. ×	12. √	13. ×	14. √	15. √
16. ×	17. ×	18. √	19. ×	20. ×

第 三 部 分

21. A	22. B	23. C	24. B	25. A
26. C	27. A	28. C	29. B	30. C

第 四 部 分

31. C	32. B	33. A	34. B	35. C
36. B	37. C	38. A	39. C	40. B

二、阅　读

第 一 部 分

41. B	42. C	43. A	44. F	45. D
46. B	47. E	48. A	49. C	50. D

第 二 部 分

51. F	52. A	53. D	54. C	55. B
56. F	57. A	58. E	59. B	60. C

第 三 部 分

61. B   62. C   63. C   64. A   65. B
66. A   67. C   68. B   69. A   70. A

三、书 写

第 一 部 分

71. 明天一定能完成。
72. 你先别买机票。/机票你先别买。
73. 弟弟特别爱玩儿游戏。
74. 他几乎忘记了这个人。/这个人几乎忘记了他。/这个人他几乎忘记了。
75. 我的字典被朋友借走了。/字典被我的朋友借走了。

第 二 部 分

76. 示
77. 出
78. 么
79. 于
80. 了

HSK（三级）全真模拟试题（第9套）答案

一、听　力

第 一 部 分

| 1. C | 2. F | 3. E | 4. B | 5. A |
| 6. E | 7. A | 8. B | 9. D | 10. C |

第 二 部 分

| 11. × | 12. √ | 13. × | 14. √ | 15. × |
| 16. × | 17. √ | 18. √ | 19. × | 20. √ |

第 三 部 分

| 21. A | 22. C | 23. C | 24. B | 25. A |
| 26. A | 27. C | 28. B | 29. B | 30. A |

第 四 部 分

| 31. A | 32. C | 33. B | 34. A | 35. B |
| 36. B | 37. A | 38. C | 39. A | 40. C |

二、阅　读

第 一 部 分

| 41. C | 42. F | 43. B | 44. A | 45. D |
| 46. B | 47. C | 48. E | 49. D | 50. A |

第 二 部 分

| 51. F | 52. A | 53. D | 54. C | 55. B |
| 56. E | 57. F | 58. A | 59. C | 60. B |

第三部分

61. C	62. C	63. A	64. B	65. A
66. B	67. C	68. B	69. C	70. A

三、书　写

第一部分

71. 不要用铅笔写字。
72. 这件事太使人生气了。
73. 面条儿被弟弟吃完了。
74. 他们一共带了两个行李箱。
75. 你不应该喝这么多啤酒。

第二部分

76. 片
77. 末
78. 句
79. 开
80. 史

HSK（三级）全真模拟试题（第10套）答案

一、听　力

第 一 部 分

1. A	2. F	3. E	4. B	5. C
6. A	7. B	8. E	9. C	10. D

第 二 部 分

11. √	12. ×	13. ×	14. √	15. ×
16. √	17. √	18. ×	19. ×	20. √

第 三 部 分

21. C	22. B	23. B	24. A	25. C
26. A	27. B	28. C	29. B	30. C

第 四 部 分

31. C	32. B	33. B	34. A	35. C
36. C	37. A	38. B	39. C	40. A

二、阅　读

第 一 部 分

41. D	42. C	43. F	44. B	45. A
46. A	47. C	48. D	49. E	50. B

第 二 部 分

51. F	52. C	53. D	54. A	55. B
56. F	57. A	58. C	59. E	60. B

第 三 部 分

| 61. C | 62. B | 63. A | 64. B | 65. C |
| 66. C | 67. A | 68. B | 69. C | 70. B |

三、书　写

第 一 部 分

71. 会议终于结束了。
72. 这些孩子多么可爱啊。
73. 北方的夏天没有南方那么热。
74. 中国的大城市我几乎都去过。/我中国的大城市几乎都去过。
75. 关于这段历史，我不太了解。

第 二 部 分

76. 当
77. 方
78. 其
79. 已
80. 冒

HSK（三级）全真模拟试题（第1套）题解

一、听　力

第 一 部 分

1. 男的说："那条裙子看起来不错。"女的说："是这条吗?"图片 C 是一个女的拿着一条裙子。正确答案是 C。

2. 女的说："菜放冰箱里了，你别忘记吃啊。"图片 F 是一个打开的冰箱，正确答案是 F。

3. 男的问："我的照相机坏了，能借你的用用吗?"图片 A 是一个照相机，正确答案是 A。

4. 女的问："下雪了你还出来锻炼身体?"图片 E 中一个男人在锻炼身体，正确答案是 E。

5. 男的说："快上去吧，火车要开了。"图片 B 是火车，正确答案是 B。

6. 女的告诉男的小成搬家了，男的说："我过会儿再打电话给你。"图片 C 中一个男的正在打电话，正确答案是 C。

7. 女的问："你为什么选择网上考试呢?"图片 D 中一个男的在用电脑，正确答案是 D。

8. 女的说："我习惯一边看书一边听音乐。"图片 B 中女的正在听着什么，腿上放着一本书。正确答案是 B。

9. 男的说自己很累，女的说："这才爬了几分钟啊!"图片 A 中一些人正在爬山，男的正在休息，正确答案是 A。

10. 女的说："护照的照片和一般的照片不一样。"图片是护照，正确答案是 E。

第 二 部 分

11. 这句话说："除了打篮球、踢足球，像唱歌、跳舞、画画儿我也都喜欢。"也就是说打篮球、踢足球、唱歌、跳舞、画画儿"我"都喜欢。正确答案是"×"。

12. 这句话说："她以前就是个很安静的人，工作以后，……她变得更安静了。"以前安静，现在更安静，也就是说她一直很安静。正确答案是"√"。

13. 这句话说："孩子……应该多给他机会锻炼锻炼，这才是真的爱他。"也就是说他们不是不关心自己的孩子，而是想给孩子锻炼的机会。正确答案是"×"。

14. 这句话说："在中国旅游，不用担心别人听不懂你说什么，因为大家都能听懂普通话。"也就是说旅游时说普通话很有用。正确答案是"√"。

15. 这句话说："我还以为你回国了呢。这个周末你有空吗？……请你吃晚饭。"也就是说"我"以为他回国了，其实他还没回国。正确答案是"×"。

16. 这句话说："他们总是以为午饭多吃一点儿就行了，其实这是很不健康的习惯。"也就是说不吃早饭或早饭吃得少，而午饭多吃点儿，对身体并不好。正确答案是"×"。

17. 这句话说："我选择学新闻是因为……这样的工作很好玩儿。"也就是说"我"觉得新闻工作挺有意思。正确答案是"√"。

18. 这句话说："他们一共只见了五次面，就决定结婚了。到现在十年过去了……"也就是说他们已经结婚十年了。正确答案是"√"。

19. 这句话说："我们家附近有个小饭店菜做得不错……"也就是说小饭店在他们家附近，离他们家不是很远。正确答案是"×"。

20. 这句话说："客人马上就来了，……你再去买个西瓜，快点儿回来啊。"也就是说客人到来前，"你"要去买西瓜。正确答案是"×"。

第三部分

21. 男的说:"再等一会儿吧,会议马上就结束了。""马上就结束"说明现在还没有结束,他们现在正在参加会议。正确答案是 C。

22. 男的觉得一件衬衫五百块太贵了,女的说:"便宜一点儿给你,四百二……"也就是说这件衬衫原价是五百,最后的价格是四百二。正确答案是 B。

23. 女的觉得有些奇怪,以前卖菜的地方都变成花园了。男的告诉她这几年北京变化很大,说:"我带你好好儿看看。"也就是说男的想带女的看看北京的变化。正确答案是 C。

24. 男的要开车送女的回家,女的说:"我家离公司不远。"也就是说他们现在在公司里。正确答案是 C。

25. 男的说:"有什么节目比体育节目更好呢?"这是一个反问句,意思是"没有什么节目比体育节目更好",也就是说男的觉得体育节目最好看。正确答案是 A。

26. 女的说:"我刚搬到这里来,以后我们就是邻居了。"也就是说女的和男的成了邻居。正确答案是 C。

27. 女的给男的买了帽子,男的说:"这是我收到的最好的生日礼物!"也就是说帽子是女的送给男的生日礼物。正确答案是 B。

28. 女的说:"电影七点才开始,还有五分钟呢。"也就是说电影还没开始,现在离七点还有五分钟,所以现在是六点五十五分。正确答案是 A。

29. 男的说:"当然是坐地铁去,又快又方便。"也就是说男的打算坐地铁。正确答案是 C。

30. 女的说:"我是想复习的,可最近别的课也要复习,我就忘了。"也就是说女的因为要复习别的课,所以忘了复习汉字。正确答案是 B。

第 四 部 分

31. 男的说:"我去火车站接老王他们了。"也就是说男的准备去火车站接人。正确答案是C。

32. 女的说这里的环境不错,男的说盘子也很特别,他们不知道菜好不好吃。由此可知,这里是吃饭的地方。正确答案是B。

33. 男的和女的在看照片,男的对女的说:"都二十年没见了。"女的说:"大学那会儿我们多年轻啊。"由此可知,他们是大学同学。正确答案是B。

34. 女的说:"这双蓝色的怎么样?"说明他们说的东西前面用的量词是"双"。"裙子"的量词是"条","铅笔"的量词是"支","鞋子"的量词是"双"。"你穿上我看看"说明这种东西是穿的。正确答案是A。

35. 男的问女的:"还在难过呢?"也就是说女的正在难过。正确答案是C。

36. 男的这次来"先坐汽车,然后坐船",他觉得"路上时间太长了"。女的告诉他现在有火车了,只要四个小时就能到,所以男的说:"那我下次来坐火车。"也就是说男的下次打算坐火车来。正确答案是B。

37. 男的说:"我也觉得自己没错,但是经理说客人都是对的。"由此可知,男的可能是服务员,和客人发生了矛盾。正确答案是C。

38. 女的说:"怎么上不了网了?快帮我看看。"男的说:"我来检查一下。"由此可知,女的电脑有些问题,男的在帮她检查。正确答案是A。

39. 男的问女的:"你们认识也有半年了,你了解他吗?……那你什么时候带他来见见我们?"由此可知,女的有男朋友了,准备带给自己的爸爸妈妈看看。正确答案是B。

40. 女的说:"这电梯怎么这时候坏了呢?"说明电梯坏了。正确答案是C。

二、阅 读

第 一 部 分

41. 这句话说:"那我就给大家跳一段舞吧。"这个句子的前后句应该跟表演有关。和它对应的句子是:"你准备表演什么节目?"整句的意思是:别人问他准备表演什么节目,他回答给大家跳舞。正确答案是C。

42. 这句话说:"我妈妈请了一个老师来教我。"这个句子的前后句应该跟学习有关。和它对应的句子是:"真没想到,你的数学成绩提高得这么快!"整句的意思是:别人说他的数学成绩提高得很快,他告诉别人是因为有个老师来教他。正确答案是F。

43. 这句话说:"我们应该在周末开个会。"这个句子的前后句应该跟工作有关。跟它对应的句子应该是:"最近公司出现了很多问题。"整句的意思是:最近公司出现了问题,所以应该在周末开会说一下。正确答案是A。

44. 这句话说:"中国的大城市,我几乎都去过。"这个句子的前后句应该跟旅游或者这些城市的介绍有关。和它对应的句子是:"那你什么时候给我们大家介绍介绍?"整句的意思是:他去过很多城市,所以别人请他介绍一下。正确答案是B。

45. 这句话说:"你除了发烧,有没有其他不舒服的地方?"这个句子的前后句应该跟生病有关。和它对应的句子是:"没有,就是头有点儿疼,还不想吃东西。"整句的意思是:问病人还有没有其他不舒服的地方,病人回答头有点儿疼。正确答案是D。

46. 这句话说:"太好了,考试终于结束了!"这个句子的前后句可能跟考试结束后的计划有关。和它对应的句子是:"是啊,明天一起去打篮球,怎么样?"整句的意思是:因为考试结束了,所以他们想明天一起去打篮球。正确答案是C。

47. 这句话说:"别着急,让我帮你想个好办法。"这个句子的前后句应该跟办法或者别人的难事有关。和它对应的句子是:"她还在生我的气,怎么办呢?"整句的意思是:因为他不知道怎么办,所以问朋友,朋友让他不要着急,要帮他想办法。正确答案是 E。

48. 这句话说:"如果我早来几分钟就能见到他了!"这个句子的前后句应该和"他"有关。和它对应的句子是:"他坐了一会儿就走了。"整句的意思是:那个人走了,他没见到那个人,他觉得如果能早来几分钟就好了。正确答案是 A。

49. 这句话说:"天气真热,冰箱里有果汁吗?"这个句子的前后句应该和喝的东西有关。和它对应的句子是:"喝果汁不健康,还是吃西瓜吧。"整句的意思是:他问有没有果汁喝,别人告诉他还是吃西瓜健康。正确答案是 B。

50. 这句话说:"现在才七点半,那儿还没开门呢。"这个句子的前后句和去的地方有关。和它对应的句子是:"我想去图书馆借书,你去吗?"整句的意思是:他想去借书,别人告诉他现在七点半,还没开门呢。正确答案是 D。

第 二 部 分

51. "玩儿"是动词,后面需要一个名词。选项中"游戏"是名词,搭配起来是"玩儿电脑游戏"。正确答案是 D。

52. "的"的前面需要一个名词、代词或者形容词。形容词"相同"的意思是"一样的",放在句中意思是:我们的爱好一样,都对世界历史很有兴趣。正确答案是 C。

53. "越来越"的后面需要一个形容词。选项中"瘦"是形容词,放在句中意思是:他因为工作忙,睡觉时间少,所以越来越瘦了。正确答案是 F。

54. "这"是代词,"话"是名词,中间需要一个量词。选项中"段"是量词,可以修饰"话"。正确答案是 A。

55. 这个句子没有主语,所以需要一个代词或者名词做主语。选项中"别人"是代词,可放在句首做主语,意思是她特别热情,所以别人有事都愿意找她帮忙。正确答案是 B。

56. "有点儿"是副词,后面需要一个形容词。选项中"甜"和"害怕"都是形容词。B 说:"你真有意思,想看又不敢看!"说明 A 不敢看,也就是"害怕"。正确答案是 E。

57. "这"是代词,"鱼"是名词,中间需要一个量词。选项中"条"是量词,可以用在"鱼""裤子""裙子"和"河"等长条状的词语前面。正确答案是 A。

58. "这儿"是代词,"的"后需要一个名词,"打扫"的对象应该是处所。选项中"街道"是表示处所的名词,放在句中意思是街道打扫得很干净。正确答案是 F。

59. "这件事"是名词性短语,"你有什么要说的",说的内容和"这件事"有关系。选项中"关于"是介词,它和后面的名词结构一起组成介宾短语,表示说的是某个方面的事情。正确答案是 B。

60. "真"是副词,后面需要一个形容词或者心理动词。B 说"喜欢就多吃点儿",说明 A 觉得买的西瓜很好,西瓜只有甜才好吃。正确答案是 C。

第 三 部 分

61. 这段话说:"我是南方人,我喜欢吃米饭;我丈夫是北方人,他喜欢吃面条儿。"喜欢吃的东西不一样,也就是说习惯不一样。正确答案是 C。

62. 现在的手机只要"你写个地方的名字,它就会告诉你怎么去那儿",也就是说现在的手机可以帮你找地方。正确答案是 C。

63. 这家店"与别的商店不一样,卖的都是旧的东西",也就是说这家店很特别。正确答案是 B。

64. 今年南京的春天"一会儿刮风,一会儿下雨",也就是说今年南京的春天天气不好。正确答案是 B。

65. 想瘦下来吃药没作用,"最重要的是要经常锻炼身体。常常运动",也就是说如果想瘦最好多运动。正确答案是 A。

66. "我"每年都要去外国旅游,就是"想要了解这些不同的文化"。也就是说"我"去别的国家旅游是为了了解别国的文化。正确答案是 B。

67. 大家觉得她不像现在的人,因为她"不敢开车",可骑马很好,也"不喜欢用电子邮件",喜欢用纸写信。这说明她有一些跟别人不一样的地方,有点儿特别。正确答案是 C。

68. "今年学校换了个新地方",意思就是搬家了。正确答案是 A。

69. 有些人工作忙起来就忘了喝水,"其实,一天最少应该喝四到五杯水",也就是说每天多喝点儿水对身体好。正确答案是 B。

70. 这段话说:"如果我准备得更好一点,检查得更认真一点,我的成绩一定会比现在更好。"也就是说"我"觉得自己的考试成绩应该更好,这表示"我"对这次考试成绩不太满意。正确答案是 C。

三、书 写

第一部分

71. 这句话的主语是名词"成绩",谓语是形容词"好",组成句子"成绩好"。"她"和"的"一起,放在"成绩"的前面做定语,组成"她的成绩"。"一直"和"很"是副词,"一直很"放在"好"的前面做状语,组成"一直很好"。正确答案是"她的成绩一直很好"。

72. 这句话的主语是代词"你","去"和"打球"组成"去打球"做谓语。"别+动词"是叫别人不要做什么,在这个句子中,动词是"去打球"。"了"在句子最后,表示变化。正确答案是"你别去打球了"。

73. 这句话的主语是代词"他",谓语是动词"吃"。"得"常放在动词后,后面的成分表示做得怎么样。"多+形容词+啊"是常用的句子,"多快啊"放在"得"的后面。正确答案是"他吃得多快啊"。

74. 这句话里有"把",是个"把"字句,结构是"(主语)+把+宾语+谓语动词+其他成分"。句子的主语是"他",宾语是名词"衣服",谓语动词是"洗",形容词"干净"做"洗"的补语,助词"了"放在最后,组成"他把衣服洗干净了"。副词"终于"放在"把"的前面。正确答案是"他终于把衣服洗干净了"。

75. 这句话中有"多""有",可能是个问句,结构是"主语+有+多+形容词"。"远"是形容词,所以是问"有多远"。主语是个短语"从A到B"。正确答案是"从这儿到公司有多远/从公司到这儿有多远"。

HSK（三级）全真模拟试题（第2套）题解

一、听 力

第 一 部 分

1. 女的问："您怎么站着看电脑？"图片 C 中一个男的在站着看电脑，正确答案是 C。

2. 男的问女的明天早上吃什么，女的说这家的面包好吃，再买点儿牛奶就行了。图片 B 中有几种面包，正确答案是 B。

3. 女的说："这个问题就这样解决吧。"男的说："行，您同意的话，那我们就开始做了。"图片 F 上是一男一女在谈话，商量事情。正确答案是 F。

4. 男的说这个地方上班不方便，女的说："但是附近有这么多绿树，环境多好啊！"图片 A 中房子附近有很多绿树，正确答案是 A。

5. 男的说："这辆车看上去很漂亮，我想骑一骑。"图片 E 中妈妈正在帮孩子骑自行车，正确答案是 E。

6. 男的问女的有没有看新闻，女的说："我正在看呢，我的车马上就到你们公司了。"说明女的正在车里看新闻。图片 E 中一个女的正在车上拿着报纸看，正确答案是 E。

7. 女的说男的看上去有点儿累，男的说可能是他昨晚睡得太晚了。图片 B 中一个男的看起来很累的样子，正确答案是 B。

8. 男的说："老师已经把答案写在黑板上了，可是我还是不懂。"图片 A 中一个男学生正在想问题，后面的黑板上写着题目和答案。正确答案是 A。

9. 女的说："怎么现在刮大风了？"男的说："马上要下雨了。"图片 C 上树的样子说明正在刮大风。正确答案是 C。

10. 男的问女的要不要买葡萄，女的说不喜欢吃葡萄。图片 D 是葡萄，正确答案是 D。

第 二 部 分

11. 这句话说："我会开车去火车站接你的。"也就是说，"我"要去火车站接朋友。正确答案是"√"。

12. 这句话说："我们公司在二楼，一楼是一个大超市。"也就是说，公司在第二层。正确答案是"×"。

13. 这句话说这台电脑现在三千块钱，两年前要一万块，也就是说，这种电脑比以前便宜了。正确答案是"√"。

14. 这句话说这个房子很好，"特别是厨房很大"。也就是说，房子的厨房特别大。正确答案是"√"。

15. 这句话说："今年护照照片的要求跟以前不一样了。"也就是说，护照照片的要求有了变化。正确答案是"√"。

16. 这句话说女儿要"我"给她买只小狗，"我"一直没同意，但是"她7岁生日的时候，我买了一只送给她"。也就是说，"我"给女儿买了狗。正确答案是"×"。

17. 这句话说："从小到大，除了体育成绩，其他成绩我都不错。"也就是说，以前我的其他成绩都不错，就是体育成绩不好。正确答案是"×"。

18. 这句话说："老师对学生的影响很大……"也就是说，老师会影响学生。正确答案是"√"。

19. 这句话说："对不起，刚才我到附近的体育馆去游泳了，没带手机。"也就是说，刚才"我"没有带手机。正确答案是"×"。

20. 这句话说爸爸每天都过得很快乐,"大家都说他越来越年轻了"。也就是说,爸爸身体还很好。正确答案是"×"。

第 三 部 分

21. 女的问她孩子的眼睛怎么了,男的说:"他是不是很爱看电视?可能需要戴眼镜了。"也就是说,孩子的视力不好了,需要戴眼镜。正确答案是C。

22. 男的问女的什么时候去会议室,女的说马上就去,说明她现在不在会议室。她的电脑有点问题,让男的先帮她看看。离会议室很近,又有电脑,说明女的现在在她的办公室。正确答案是B。

23. 男的说:"我大学学的是数学。"他只是对历史感兴趣,不是学的历史。正确答案是A。

24. 男的问女的最近早到公司的原因,女的说:"我女儿换了个学校,就在公司附近,我天天要早起送她。"女的是为了早起送孩子才早到公司。正确答案是B。

25. 男的说:"晚上我可能有事,明天一起去吧。"也就是说,男的明天会和女的一起去看爸爸妈妈。正确答案是A。

26. 男的说开车接女的下班,女的说:"好啊,家里水果没了,我们一起去买点水果。"正确答案是B。

27. 女的说她房间的冰箱坏了,说明她可能住在宾馆的房间。男的说他们马上叫人去看,说明男的是提供服务的人,即服务员。由此可知,他们很可能是客人和服务员的关系。正确答案是B。

28. 女的说:"下个月我要去日本旅游。"正确答案是B。

29. 女的说男的照片跟现在不一样。男的说那是他大学时候照的照片,已经过去十几年了。由此可知,男的变化比较大。正确答案是B。

30. 男的说:"姐,这么多菜,真香啊,我先吃几口。"女的让男的先去写作业,等妈妈回来一起吃。由此可知,菜是姐姐做的。正确答案是A。

第 四 部 分

31. 男的问女的早报能借几天，女的说报纸不能借，只能在这里看。由此可知，他们很可能在图书馆。正确答案是 C。

32. 女的让男的吃香蕉，男的说不吃了，他已经刷牙了。正确答案是 C。

33. 女的让男的再打手机问问爸爸车到哪里了。由此可知，他们在等爸爸。正确答案是 C。

34. 女的说："这条好看是好看，就是太贵了！"也就是说，女的在买东西，这种东西前面用的量词是"条"。"鞋子"的量词是"双"，"雨伞"的量词是"把"，"裙子"的量词是"条"。正确答案是 C。

35. 男的问女的："这红色的是您的行李吗？"由此可知，那个行李箱是红色的。正确答案是 B。

36. 女的要去北方医院，还问男的需要多长时间，男的说十五分钟就到了。由此可知，男的是一名司机。正确答案是 B。

37. 女的说表演六点开始。五点半是入场的时间，不是表演开始的时间。正确答案是 C。

38. 女的问男的他的孩子长这么高的原因，并且说她的儿子比男的儿子矮多了。由此可知，他们在谈论孩子的身高。运动和打篮球只是解释孩子长得高的原因，谈话的中心还是孩子。正确答案是 A。

39. 男的对女的说："我们家也买辆车吧。"这样的话，他可以送女的上班，周末的时候一家人还可以开车出去玩儿。由此可知，男的和女的是一家人，男的已经结婚了。正确答案是 A。

40. 女的说："你又在玩儿游戏，作业写完了吗？"说明男的正在玩儿游戏。正确答案是 C。

二、阅 读

第一部分

41. 这句话说:"你看见我的手机了吗?"这个句子的前后句应该和手机有关。和它对应的句子是:"又找不到了?我打一下你电话,看看在哪儿。"整句的意思是:找不到手机,所以让别人打一下电话,根据声音来找手机。正确答案是F。

42. 这句话说:"这个月我要回国,你能帮我收一下信吗?"这个句子的前后句应该和请人帮忙收信有关。和它对应的句子是:"没问题,你放心吧。"整句的意思是:这个月他要回国,让别人帮他收一下信,对方说没有问题,让他放心。正确答案是A。

43. 这句话说:"但是他现在非常有名。"这个句子的前后句应该是和他有名不一致的事情。和它对应的句子是:"这个人唱歌唱得不怎么样。"整句的意思是:这个人唱歌唱得不太好,但却非常有名。正确答案是B。

44. 这句话说:"他在看电视呢,我去叫他。"这个句子的前后句应该和这个人有关。和它对应的句子是:"马上吃饭了,去洗洗手,你爸呢?"整句的意思是:马上要吃饭了,爸爸还在看电视,我去叫他。正确答案是D。

45. 这句话说:"我有点儿记不清楚了,很便宜的。"这个句子的前后句应该和买东西有关。和它对应的句子是:"这件衬衫你花了多少钱?"整句的意思是:我也记不清这件衬衫花了多少钱,不过很便宜。正确答案是C。

46. 这句话说:"你是不是找到工作了?"这个句子的前后句应该和工作有关。和它对应的句子是:"是啊,在宾馆做服务员。"整句的意思是:我已经找到工作了,是在宾馆做服务员。正确答案是D。

47. 这句话说:"我第一次游泳时非常害怕,怎么也不敢下水。"这个句子的前后句应该和害怕有关。和它对应的句子是:"现在想想那时真是太好笑了。"整句的意思是:我第一次游泳时非常害怕,怎么也不敢下水,现在想起来觉得很好笑。正确答案是C。

48. 这句话说:"好的,我看完报纸就去。"这个句子的前后句应该和去一个地方或者做一件事情有关。和它对应的句子是:"家里没米了,你去超市买一点儿吧。"整句的意思是:我看完报纸就去超市买米。正确答案是 E。

49. 这句话说:"周末公司有事,下星期吧。"这个句子的前后句应该和周末的安排有关。和它对应的句子是:"周末有时间吗?我们一起去锻炼吧。"整句的意思是:周末我公司有事,下星期我们一起去锻炼吧。正确答案是 B。

50. 这句话说:"我只是比别人多努力一点儿。"这个句子的前后句应该和"我"比别人多努力一点儿所得到的结果有关。和它对应的句子是:"你真聪明,每次考试成绩都这么好。"整句的意思是:我每次考得好,是因为我比别人要努力一点儿。正确答案是 A。

第 二 部 分

51. "很"是副词,后面接形容词,选项中"舒服"是形容词,放在句中意思是:他又胖又高,而这件衣服太小,所以他穿着很不舒服。正确答案是 F。

52. "三"是数词,"个"是量词,后面接名词,选项中"城市"是名词,也适合做"去"的宾语,放在句中意思是:我这次去了三个城市旅游,花了很多钱。正确答案是 B。

53. "一"是数词,后面接名词或量词,选项中"刻"是名词。另外,"三点一( )""三点半"表示时间,选项中只有"刻"表示时间,即十五分钟。正确答案是 A。

54. "这么"是副词,后面接形容词或动词,选项中"关心"是动词,放在句中的意思是:他这么关心你,一定是喜欢上你了。正确答案是 D。

55. 站是动词，"左边"是方位名词，因此前面可能是状语，表示站的方位，"介词＋方位名词"可以做状语，表示方位。选项中"向"是介词，放在句中的意思是：请再向左边站一点儿。正确答案是 C。

56. "好"是形容词，前面可以用副词修饰，选项中"多么"是副词，意思是"很"。正确答案是 A。

57. "有"是动词，后面接名词。选项中"兴趣"是名词，放在句中组成"对……有兴趣"。正确答案是 F。

58. "我"是代词，"有"是动词，中间可以加入一个副词，选项中"终于"是副词，放在句中的意思是：六年了，我终于有钱买房子了。正确答案是 E。

59. "二"是数词，后面接名词或量词，选项中可以与"年级"意思搭配的是"班"。正确答案是 B。

60. "你"是代词，在句中做主语，"吗"是助词，因此句子中需要一个形容词或动词做谓语。选项中"满意"是形容词，放在句中的意思是：你对这儿的环境满意吗？正确答案是 C。

第 三 部 分

61. 这段话说："每次遇到不明白的字词，我就把它记在本子上，然后自己查字典。"也就是说，"我"遇到不明白的字词会自己去查字典。这段话提到"会打开本子读读这些词"，但没说大声读，所以 B 不正确。正确答案是 C。

62. 这段话说："人们认为天冷的时候喝红茶好。"由此可知，冬天的时候天冷，可以多喝红茶。正确答案是 B。

63. 这段话说:"上班后工作太忙,没时间锻炼。"也就是说,上班以后由于工作太忙,"我"很少再运动了。正确答案是 A。

64. 这段话说每年夏天都有很多人来参加这个城市的"旅游节","人们来了都要喝这个城市有名的啤酒"。由此可知,这个城市的啤酒很有名。正确答案是 B。

65. 这段话说现在越来越多的人喜欢在网上找新闻,"但是有时候你不知道这些新闻是不是真的"。也就是说,有时候网上的新闻可能不是真的。正确答案是 C。

66. 这段话说女儿通过听故事"学到了很多东西,所以她说话说得很早,说的话也特别有意思"。也就是说,"我"觉得这些故事让女儿说话更有意思。正确答案是 C。

67. 这段话说:"别难过了,这次没考好,是因为你生病了,下次你一定可以考好的。"也就是说,那个人难过是因为他这次考试没有考好。正确答案是 B。

68. 这段话说小孩儿吃东西的时候常常使衣服不太干净,但是"这时妈妈最好不要生气,这样可以让孩子早点儿学会自己吃饭"。也就是说,家长应该让孩子自己吃饭。正确答案是 A。

69. 这段话说:"每次下课前,我都会让学生把下次要带的东西记在本子上。"时间长了,他们每次都会在上课前看看本子,把东西都带来。由此可知,现在"我"的学生已经有了好习惯。正确答案是 B。

70. 这段话说:"别人都说我笑起来跟我爸一样。"由此可知,"我"笑起来像爸爸。正确答案是 C。

三、书 写

第 一 部 分

71. 这句话的主语是名词"现在",谓语是"十点",组成名词谓语句"现在十点。""已经"和"快"是副词,做状语放在"十点"的前面。"了"放句尾。正确答案是"现在已经快十点了"。

72. 这句话的主语是名词"宾馆",谓语是动词"有",宾语是"房间",组成句子"宾馆有房间"。代词"你们"做定语放在"宾馆"的前面。"多少"是疑问代词,修饰"房间"。正确答案是"你们宾馆有多少房间"。

73. 这句话的主语是代词"我",谓语是"忘了",宾语是动宾短语"带护照"。正确答案是"我忘了带护照"。

74. 这个句子中有介词"把",很可能是"把"字句。"把"字句的一般结构是"(主语)+把+宾语+谓语动词+其他成分"。主语是代词"你",宾语是名词"空调",动词和其他成分是"打开吧"。正确答案是"你把空调打开吧"。

75. 这句话有一个动词"坐"和助词"着",但是没有"在",不可能是"小猫在桌子上坐着",而是"桌子上坐着小猫","一只可爱"是修饰"小猫"的,所以应该放在"小猫"的前面。正确答案是"桌子上坐着一只可爱的小猫"。

HSK（三级）全真模拟试题（第3套）题解

一、听　力

第 一 部 分

1. 女的问医生她的身体怎么样，医生告诉她："我需要给你检查一下。"图片 C 上是一位医生正在准备做检查。正确答案是 C。

2. 男的告诉女的身体越来越疼，女的说："像我这样运动一下就舒服了。"图片 B 是一个女的运动完以后很舒服的样子。正确答案是 B。

3. 女的问男的："你想看什么节目？"图片 E 上是一个女的在看电视。正确答案是 E。

4. 男的说："欢迎来我们公司工作！"女的说："谢谢公司给我机会，我一定会努力的。"图片 A 上是很多人在欢迎新的员工。正确答案是 A。

5. 男的问："这是你的新车吧？"图片 F 是一辆汽车。正确答案是 F。

6. 男的说："已经十一点了，你在哪儿？"女的说要晚一点儿到。图片 C 是一个男人一边打电话，一边看手表。正确答案是 C。

7. 女的问男的他女儿会不会游泳，男的说："她常去海边游泳。"图片 D 上是一些人在海里游泳。正确答案是 D。

8. 男的问："小姐，这样你看可以吗？"女的说："前面再短一点儿吧，短一点儿舒服。"图片 A 上是一个女的在理发。正确答案是 A。

9. 女的问男的这个游戏怎么玩儿，男的说："你先看我玩儿。"图片 E 是一个男孩儿在玩儿游戏。正确答案是 E。

10. 男的问："下个月去北京的飞机哪天最便宜?"女的说："请等一下,我看看电脑。"图片 B 上是一个女的工作人员在看电脑。正确答案是 B。

第 二 部 分

11. 这句话说："中国文化还有很多我不清楚的地方。"也就是说,"我"对中国文化还不是很了解。正确答案是"×"。

12. 这句话说："上星期我从图书馆借了两本书……我准备下午去还。""下午去还"也就是说,"我"的书现在还没有还。正确答案是"×"。

13. 这句话说："儿子最近喜欢玩儿电脑游戏……眼睛玩儿坏了,还影响了学习。""影响了学习",也就是说,儿子学习越来越差了。正确答案是"√"。

14. 这句话说："现在手机很便宜,人们换手机几乎就像换衣服一样快了。"因为手机便宜,所以人们换手机很快,也就是说,现在人们经常换手机。正确答案是"√"。

15. 这句话说："外面刮大风了,可能要下雪。"也就是说,今天的天气不太好。正确答案是"√"。

16. 这句话说："欢迎大家来到我们学校。下面先请校长讲话,然后我带大家在学校走一走,看一看。""先……然后……"表示先后顺序,也就是说,他们先听校长讲话,然后才参观学校。正确答案是"×"。

17. 这句话说："感冒刚开始的时候,不需要吃药,有时候药吃多了,感冒会更重。"也就是说,刚感冒就吃药不好。正确答案是"√"。

18. 这句话说："不用带那么多东西,如果真的需要,到了旅游点再买,贵就贵点儿吧。""形容词+就+形容词（相同的）点儿"表示接受某个事实,也就是说,旅游点的卖的东西比较贵。正确答案是"√"。

19. 这句话说："虽然我妈七十多了,……喜欢玩儿电脑、上网,还经常在网上买东西。"也就是说,妈妈会用电脑。正确答案是"×"。

20. 这句话说:"春天我住的地方常常刮风……"也就是说,春天的时候,"我"住的地方天气不是很好。正确答案是"×"。

第 三 部 分

21. 女的对男的说:"你的汉语水平提高得真快啊!"也就是说,男的汉语水平提高了。刚来的时候"不太好",现在水平提高了,但是否"非常好",没提到。正确答案是B。

22. 男的说女的看起来很累,女的回答:"为了完成那个工作,昨天很晚才睡。"也就是说,女的昨天因为工作睡得晚,所以今天很累。正确答案是C。

23. 男的回答:"妈,您放心吧,没问题……"男的管女的叫妈,由此可知,他们的关系是妈妈和孩子。正确答案是C。

24. 男的把办护照需要注意的问题都写在电子邮件里了。女的说:"好的,我现在就看。"由此可知,女的要去看邮件。正确答案是B。

25. 男的说:"你一般不是放在那个包里吗?你在包里找找。"由此可知,男的觉得手机可能在包里。正确答案是A。

26. 女的说:"最近医院特别忙,下周六吧。"由此可知,女的在医院工作,很可能是医生。正确答案是A。

27. 女的说:"我以前很瘦,现在变胖了。"由此可知,女的现在长胖了。正确答案是A。

28. 男的说:"这些苹果看起来真新鲜!"正确答案是B。

29. 女的说:"我又迟到了,表演七点就已经开始了吧?"男的回答:"才开始十分钟。"也就是说,现在是七点十分。正确答案是C。

30. 女的说:"走到地铁站也就五分钟,坐地铁又快又方便。"也就是说,女的准备坐地铁去。正确答案是B。

第 四 部 分

31. 男的问女的是不是有什么高兴事,女的说:"我儿子马上要从国外回来了。"也就是说,女的很高兴,因为她很快就要见到她的儿子了。正确答案是 C。

32. 男的说:"到体育馆路上还要一个小时呢。"由此可知,男的要去体育馆。正确答案是 C。

33. 女的要把书还给男的,男的说:"你一定没看完,开始的时候我也觉得不怎么样。"女的说:"你这么说,那我一定要看完了。"由此可知,女的现在还没有看完书。正确答案是 B。

34. 女的说:"现在是春天了,怎么还这么冷?"正确答案是 A。

35. 女的准备了三双筷子,男的说:"再准备一双,小天说今天回家吃饭。"也就是说,他们要准备四双筷子。正确答案是 C。

36. 男的感冒了,女的让男的周六去医院,男的说:"周末医院人太多,我下星期一去吧。"由此可知,男的下星期一去医院。正确答案是 C。

37. 男的打电话找小李,女的说:"对不起,这儿没有姓李的人,您一定是打错了。"也就是说,男的打错电话了。正确答案是 A。

38. 女的睡不着觉,男的说:"那也必须睡啊,明天要早起,还要爬一天的山呢。"由此可知,他们明天要爬山。正确答案是 A。

39. 女的准备把钱借给好朋友开公司,男的说:"我觉得还是小心一点儿好。"由此可知,男的比较小心。正确答案是 A。

40. 女的觉得椅子太贵,问男的能不能再便宜一点儿,男的说:"这已经是最便宜的了,您可以跟别家比较一下。"他们在讨价还价,由此可知,他们现在很可能在商店。正确答案是 C。

二、阅 读

第一部分

41. 这句话说:"我下班回到家就把电脑打开。"这个句子的前后句应该和电脑有关。和它对应的句子是:"你一般什么时候上网?"整句的意思是:对方问他上网的时间,他回答下班回家后他就把电脑打开。正确答案是 F。

42. 这句话说:"我天天都去体育馆游泳。"这个句子的前后句应该和运动有关。和它对应的句子是:"一个夏天不见,你怎么瘦了?"整句的意思是:他天天去体育馆游泳,所以变瘦了。正确答案是 A。

43. 这句话说:"奇怪,楼下怎么会有声音?"这个句子的前后句应该和发出声音的原因以及接下来的动作有关。和它对应的句子是:"你别害怕,我下去看看。"整句的意思是:一个人很奇怪楼下为什么有声音,另一个人让他不要害怕,他下去看看。正确答案是 D。

44. 这句话说:"我可能晚一点儿,你先点菜。"这个句子的前后句应该和吃饭有关。和它对应的句子是:"晚上一起吃饭吧,就在常去的那家咖啡店。"整句的意思是:他们准备晚上去常去的那家咖啡店吃饭,但他可能晚一点儿,所以让对方先点菜。正确答案是 C。

45. 这句话说:"你了解他吗?这么快就打算结婚了?"这个句子的前后句应该和结婚的原因有关。和它对应的句子是:"第一次见面我就喜欢上他了!"整句的意思是:这么快打算结婚是因为第一次见面她就喜欢上他了。正确答案是 B。

46. 这句话说:"我从小就对历史很有兴趣。"这个句子的前后句应该和历史有关。和它对应的句子是:"你数学那么好,为什么选择学历史?"整句的意思是:选择学历史是因为从小就对历史感兴趣。正确答案是 B。

47. 这句话说:"我的护照是不是放在你的行李箱里了?"这个句子的前后句应该和找护照有关。和它对应的句子是:"我记得你放在桌上了,你再找找。"整句的意思是:找不到护照了,问对方是不是在行李箱里,对方记得他放桌上了,让他再找找。正确答案是 D。

48. 这句话说:"你怎么不请他来家里吃饭?",这个句子的前后句应该和"他"有关。和它对应的句子是:"我回来的路上遇到大学同学了。"整句的意思是:别人问他为什么没有请他大学同学来家里吃饭。正确答案是 E。

49. 这句话说:"我如果头发短一点儿,是不是更好看?"这个句子的前后句应该和短发有关。和它对应的句子是:"是啊,夏天短头发也更舒服。"整句的意思是:他问别人头发短一点是不是更好看,别人告诉他夏天短头发更舒服。正确答案是 C。

50. 这句话说:"刚才我在洗手间,手机放外面了。"这个句子的前后句应该和手机有关。和它对应的句子是:"你怎么不接我的电话?"整句的意思是:别人问他为什么不接电话,他告诉对方刚才在洗手间,手机放外面了。正确答案是 A。

第 二 部 分

51. "像/和/同……一样"是汉语中的常见结构。放在句中意思是:几年不见,你真是越长越漂亮了,像你姐姐一样。正确答案是 B。

52. 这个句子没有主语,名词和代词经常做句子的主语。选项中"空调"是名词。放在句中意思是:空调开了半天了,房间里还是这么热。正确答案是 D。

53. "五"是数词,后面接量词组成数量短语。选项中"层"是量词。放在句中意思是:这个书店真大,一共有五层楼,环境也非常好。正确答案是 F。

54. "很"是副词,后面接形容词。选项中"简单"是形容词。放在句中意思是:有些事看起来很简单,但是做起来不一定很容易。正确答案是 A。

55. "学校"和选项中的"附近"搭配,做定语,表示饭店的位置。放在句中意思是:学校附近的几家饭店都不错,我和几个老师中午常在外面吃。正确答案是 C。

56. "四（ ）多"中间应加入量词，选项中"块"是量词，表钱数。放在句中意思是：我记得以前鸡蛋很便宜，现在要四块多。正确答案是 C。

57. "选"是动词，动词前面常常加副词做状语。选项中"只"是副词，放在句中意思是：今年我在校外找了个工作，所以只选了两门课。正确答案是 B。

58. "什么"是疑问代词，后面接名词。选项中"要求"是名词。放在句中意思是：你对我们公司的服务还有什么要求？正确答案是 E。

59. 这个句子缺谓语，动词和形容词常用来做谓语。选项中"生气"是动词，放在句中意思是：女儿是不是又跟你生气了？见到我也没说话。正确答案是 F。

60. 这个句子需要一个形容词或动词做谓语。选项中"完成"是动词。放在句中意思是：你都写了三个小时了，作业还没完成吗？正确答案是 A。

第 三 部 分

61. 这段话说："每次我都能在花园的树下找到它，它累了就在树下睡觉。"由此可知，那只老猫喜欢睡在树下。正确答案是 B。

62. 这段话说："这几天都在下雨，不下雨也是多云。"由此可知，最近常常下雨。正确答案是 C。

63. 这段话说："那个地方以前环境很好……城市里的人都会在节日去那里旅游。但是旅游的人多了，环境就慢慢变差了。"也就是说，去那个地方旅游的人很多。以前环境很好，说明现在不好了，C 不正确；城市里的人都去那里旅游，说明那个地方不在城市里，A 不正确。正确答案是 B。

64. 这段话说："……我儿子明年也要考大学了，等你儿子不忙的时候，让我儿子跟他学习学习。"也就是说，"我"儿子要考大学了。正确答案是 B。

65. 这段话说:"因为现在很多饭店的菜单上都有菜的照片,看着照片点菜,就不怕点错了。"由此可知,现在很多饭店的菜单上都有菜的照片。正确答案是 C。

66. 这段话说:"虽然这个问题很小,但非常重要。"也就是说,这个问题特别重要。正确答案是 A。

67. 这段话说:"……我全家现在都在这儿,晚上到我家来吧,我请你吃饭。"也就是说,"我"请朋友到家里吃饭。正确答案是 C。

68. 这段话说:"……过了 40 岁的人,身体在慢慢地变老,最好能每年检查一次身体,这样可以早早地发现一些问题。"也就是说,中年人最好每年检查一次身体。正确答案是 C。

69. 这段话说:"……我觉得纸的地图看起来更方便,也更习惯。"由此可知,"我"觉得纸的地图更方便。正确答案是 A。

70. 这段话说:"这个果盘上面画了花和葡萄,真的是太漂亮了。"也就是说,这个果盘上画了葡萄。正确答案是 C。

三、书 写
第一部分

71. 这句话的主语是代词"我们",谓语是动词"去",副词"一起"做状语应放在动词"去"的前面,助词"吧"放在句末,表示建议。正确答案是"我们一起去吧"。

72. 这个句子中有"了""没有",应该是疑问句,结构为:"主语+谓语+了+没有?"主语是代词"你",谓语是动词"写","完"做补语应放在"写"的后面。正确答案是"你写完了没有"。

73. 这句话的主语是"你的歌",谓语是动词"唱",助词"得"和形容词"好听"合在一起做动词"唱"的补语,副词"真"做状语放在"好听"的前面。正确答案是"你的歌唱得真好听"。

74. 这句话的主语是代词"我们",谓语是动词"想",宾语是"办法",组成句子"我们想办法"。"必须"做状语放在"想"的前面,量词"个"和形容词"好"做定语应放在名词"办法"的前面。正确答案是"我们必须想个好办法"。

75. 这句话中有动词"叫",说明句子可能是兼语句,兼语句的谓语是由一个动宾短语和一个主谓短语套在一起构成的,谓语中前一个动宾短语的宾语兼做后一个主谓短语的主语。可以组成句子"小红叫我去她家玩儿","明天"应该放在动词"去"的前面做时间状语。正确答案是"小红叫我明天去她家玩儿"。

HSK（三级）全真模拟试题（第4套）题解

一、听 力

第 一 部 分

1. 女的说："我希望能在你们公司工作。"男的说："我们会给你打电话的。"图片 F 是一个男的在面试一个女的。正确答案是 F。

2. 女的说："河更干净了，两边还有这么多高楼。"图片 A 上是一条河，旁边有很多高楼。正确答案是 A。

3. 女的告诉男的："大熊猫正在爬呢！"图片 B 上是一只大熊猫正在爬，正确答案是 B。

4. 男的问女的是不是快五点了，女的回答："都五点十五分了，比赛再过三分钟就开始了。"图片 E 上的时间是五点十五分。正确答案是 E。

5. 女的说："我们一起去草地上看书吧。"男的说喜欢在房间里看书。图片 C 是一个女孩儿和一个男孩儿在看书。正确答案是 C。

6. 男的让女别忘了带牙刷，女的说："已经准备好了，刷牙的杯子也有！"图片 B 上有一支牙刷和一个杯子。正确答案是 B。

7. 女的说："这画上的小孩儿真可爱！"男的说："这让我想起我女儿小时候。"图片 A 是一张画，画上有一个女孩儿。正确答案是 A。

8. 男的要帮女的拿行李，女的说："谢谢你送我去车站。"图片 C 是一个男人拿着行李和一个女人一起走。正确答案是 C。

9. 女的问男的："你一直看手机，是不是有什么事？"图片 E 上是一个男的在看手机。正确答案是 E。

10. 男的问："那只小猫怎么在车下面啊？"女的说："它可能是太冷了吧。"图片 D 上是一只小猫在车的下面。正确答案是 D。

第 二 部 分

11. 这句话说："狗真是一种聪明的动物……"也就是说，"我"觉得狗很聪明。后面的话是解释狗聪明的原因。正确答案是"√"。

12. 这句话说："现在城市越来越大，房子也越来越贵……"正确答案是"√"。

13. 这句话说："我一直觉得老师和学生的关系应该像朋友一样……"像朋友一样，意思是关系好，后面说让学生敢于说出"我"的错误，只有关系好，才敢说，也就是说，"我"对学生很好。正确答案是"×"。

14. 这句话说："你姐姐马上就回来了，蛋糕准备好了没有？……她一进门我们就开灯，唱《生日快乐歌》。"准备了蛋糕，并且等姐姐回来后为她唱生日歌，也就是说，今天是姐姐的生日。正确答案是"√"。

15. 这句话说："机会出现前要做好准备，机会来的时候，才能用好它。"也就是说，机会出现前要做好准备，而不是出现后再做准备。正确答案是"×"。

16. 这句话说："这家咖啡店的环境真不错，外面有一个小花园……"也就是说，这家咖啡店外面有小花园，不是说咖啡店在花园里。正确答案是"×"。

17. 这句话说："把电视声音关小一点儿，你弟弟明天有考试，别影响他，让他好好儿复习。"也就是说，弟弟是在复习，不是在看电视。正确答案是"×"。

18. 这句话说："我妻子最近喜欢跟着电视学做菜。"也就是说，"我"妻子最近喜欢学做菜。正确答案是"√"。

19. 这句话说："看地图，体育馆在图书馆的东边，但是我刚才问了几个人，他们都说体育馆早就搬了。"也就是说，地图和现在的实际情况不一样，这是一张旧地图。正确答案是"√"。

20. 这句话说："蓝色会让人觉得比较快乐，白色会让人觉得安静。"正确答案是"×"。

第三部分

21. 女的问男的是否知道小红要去别的公司，男的回答："这不是什么新闻了。"不是新闻，说明这件事不新鲜，很多人都知道了，"新闻"是新近发生的事，很多人都还不知道，也就是说，男的早就知道了。正确答案是 A。

22. 男的对女的说："写累了吧？休息一会儿，喝口茶吧。"男的让女的休息、喝茶，说明他关心女的，并没有生气。正确答案是 B。

23. 女的说："你看，这条裤子没洗干净，上面还有果汁。"男的觉得很对不起。由此可知，对话内容和洗衣服有关，他们可能在洗衣店。正确答案是 C。

24. 男的觉得考试不难，女的说："你觉得不难是因为你这次准备得很认真。"由此可知，男的认真准备了这次考试。正确答案是 C。

25. 女的问："老王，我的手机是不是在厨房的桌子上？"男的说是的。由此可知，女的让男的找手机。"送到公司去"是男的想要做的事，女的并没让男的去公司，C 不正确。对话中提到了厨房，是找手机的地点，并没说要做饭，A 不正确。正确答案是 B。

26. 故事书可以借两个月，如果看不完，还可以再借一个月。也就是说，故事书最多可以借三个月。正确答案是 C。

27. 女的说:"我做面条儿给你们吃。"由此可知,他们今天吃面条儿。正确答案是 B。

28. 女的说:"果汁都太甜了,来两杯茶吧,夏天喝茶舒服。"正确答案是 A。

29. 女的觉得男的唱歌很好,应该选择学习音乐,男的说:"但是我对数学更有兴趣。""但是"表示转折,强调的是"但是"后面的内容,由此可知,男的想学习数学。正确答案是 C。

30. 女的说:"报纸上说明天有大雨,不要去爬山了。"由此可知,女的说不要去爬山是因为要下雨。正确答案是 B。

第四部分

31. 男的问女的有没有看游泳比赛,女的回答:"我哪有时间啊,昨天我儿子发烧了,哭了一个晚上。"由此可知,昨天晚上女的在照顾孩子。正确答案是 C。

32. 女的说:"先生,能帮我把行李放上去吗?"由此可知,女的请男的放行李。正确答案是 C。

33. 男的说:"真奇怪,你怎么在车站看书呢?"由此可知,女的现在在车站。对话中提到看书,但是没提到书店,A 不正确。男的说女的男朋友刚才在图书馆,不是女的在图书馆,C 不正确。正确答案是 A。

34. 女的问男的为什么去那么多国家,男的回答:"每个国家的文化都不一样,我想多了解了解。"由此可知,男的去这些国家是想了解不同国家的文化。正确答案是 C。

35. 男的说:"这几张照片你选一张自己满意的。"由此可知,他们在选照片。正确答案是 B。

36. 女的打算下班后去接男的，男的说："不用了，下午不开会了，我上完课就回去了。"由此可知，男的很可能是老师。正确答案 C。

37. 男的说："没觉得你瘦了，就是觉得你脸色不太好。"所以 A 不正确，脸色不太好，说明身体不好，C 正确。女的自己觉得最近特别累，并没说女的看上去累，B 不正确。由此可知，女的因为脸色不太好，所以看上去不太健康。正确答案是 C。

38. 男的说："你是北方人，还不习惯这样的天气，我已经习惯了。"由此可知，女的是北方人。女的不习惯这里的天气，还要在这里学习四年所以害怕，即担心这里的天气受不了，并不是说女的让人害怕，B、C 不正确。正确答案是 A。

39. 女的问男的为什么花了那么长时间，男的回答："早上我写到一半的时候电脑突然坏了，所以刚刚才写好。"由此可知，男的刚才在用电脑写东西。正确答案是 A。

40. 男的说："我主要是去开会，玩儿的时间不多，到你家看看就行了。"由此可知，男的来北京是为了开会，玩儿和看姐姐是顺便做的事情。正确答案是 C。

二、阅　读

第一部分

41. 这句话说："他工作还没找好，所以不打算回去了。"这个句子的前后句应该和"他"回不回去有关。和它对应的句子是："这个夏天他怎么不回老家了？"整句的意思是：这个夏天他不回老家是因为工作还没找好。正确答案是 B。

42. 这句话说："我想问你点儿工作上的事。"这个句子的前后句应该和工作或对方的反应有关。和它对应的句子是："等一下，我把电视声音关小一点儿。"整句的意思是：别人来问工作上的事情时我正在看电视，所以我把声音关小了。正确答案是 C。

43. 这句话说："你怎么没回我的电子邮件？"这个句子的前后句应该和没有回邮件的原因有关。和它对应的句子是："我没收到啊。"整句的意思是：对方没有回邮件是因为没收到。正确答案是 F。

44. 这句话说："那你以后常来玩儿，我再做给你吃。"这个句子的前后句应该和经常来玩的原因有关。和它对应的句子是："阿姨，您做的菜真好吃！"整句的意思是：他觉得阿姨做的菜很好吃，阿姨让他经常来玩儿，再做菜给他吃。正确答案是 D。

45. 这句话说："我眼镜又找不到了，你看见了吗？"这个句子的前后句应该和找眼镜有关。和它对应的句子是："你刚才放在报纸上了。"整句的意思是：找不到眼镜了，别人告诉他放在报纸上了。正确答案是 A。

46. 这句话说："大家好，我叫张天。"这个句子的前后句应该和见面时介绍自己有关。和它对应的句子是："第一次见面，每个人介绍一下自己吧。"整句的意思是：第一次见面，他介绍自己叫张天。正确答案是 D。

47. 这句话说："请问经理办公室在哪儿？"这个句子的前后句应该和经理办公室的位置有关。和它对应的句子是："你坐电梯上十九楼，出来右边第一间就是。"整句的意思是:找不到经理办公室,别人告诉他在十九楼,出电梯右边第一间就是。正确答案是 B。

48. 这句话说:"小学五年级的问题我都回答不上来。"这个句子的前后句应该和说话人回答的问题有关。和它对应的句子是:"现在孩子的作业真难啊!"整句的意思是:现在孩子的作业很难,小学五年级的问题我都回答不上来。正确答案是 C。

49. 这句话说:"节目终于完成了!太不容易了。"这个句子的前后句应该和节目完成有关。和它对应的句子是:"晚上我请你们吃饭,大家一起高兴一下。"整句的意思是:节目终于完成了,很不容易,所以我请吃饭,一起高兴一下。正确答案是 E。

50. 这句话说:"看不懂,但他能看好我的病。"这个句子的前后句应该和医生有关。和它对应的句子是:"医生写的字你看得懂吗?"整句的意思是:看不懂医生写的字没关系,只要能看好病就行。正确答案是 A。

第 二 部 分

51. 句中"没有"是副词,后面常常接动词。选项中"结束"是动词。放在句中意思是:故事还没有结束,每个孩子都可以自己来完成它。正确答案是 A。

52. "的"后面接名词,"打电话""上网"和"照相"都是手机的作用。选项中"作用"是名词。放在句中的意思是:手机的作用越来越多,除了打电话,还能上网、照相。正确答案是 D。

53. "的"前面可以接名词、代词或形容词,选项中"礼物"是名词。放在句中意思是:中国人认为礼物的多少不重要,表示自己的关心最重要。正确答案是 B。

54. "非常"是副词，后面接形容词或心理动词。选项中"认真"是形容词。放在句中意思是：虽然他不太聪明，但是做事情非常认真。正确答案是F。

55. "两"是数词，后面接量词构成数量短语。选项中"种"是量词。放在句中意思是：以后的孩子可能最少都会两种语言。正确答案是C。

56. "从……向/到……"是汉语中的常见用法。"从这儿向西"做状语修饰动词"走"。放在句中意思是：从这儿向西一直走到路口就到了。正确答案是A。

57. "太 + 形容词/心理动词 + 了"是汉语中的常见搭配，选项中"安静"是形容词。放在句中意思是：那个男孩儿别的我都挺满意的，就是有点儿太安静了。正确答案是E。

58. 选项中"需要"是助动词，用在动词前。放在句中意思是：你是不是遇到什么难题了？要不要帮忙？正确答案是C。

59. "的"前面接代词、名词或形容词，修饰名词"超市"，选项中"其他"是代词。放在句中意思是：我们超市没有太阳眼镜，您去别的超市看看吧。正确答案是F。

60. "电脑（　　）"是动词"玩儿玩儿"的宾语，（　　）中需要一个名词，选项中"游戏"是名词。放在句中意思是：我一般在家休息，有时候玩儿玩儿电脑游戏。正确答案是B。

第 三 部 分

61. 这段话说："我奶奶……每天她起得都很早，起来后就把家里打扫得干干净净的。"由此可知，奶奶每天都打扫房间。正确答案是B。

62. 这段话说手机对身体有没有影响很难说，"但是最好不要把手机放在耳朵边接电话，还有就是不要让孩子多玩儿手机"。由此可知，要注意别让孩子多玩儿手机。正确答案是C。

63. 这段话说:"……车有上下两层,它会带你去上海一些有名的地方。"由此可知,上海的旅游车有上下两层。正确答案是 B。

64. 这段话说:"我生病的时候他照顾我,我不高兴的时候他想办法让我快乐,所以虽然他没什么钱,我还是愿意和他结婚。"由此可知,他照顾"我",让"我"快乐,即关心"我",是"我"想和他结婚的原因。正确答案是 B。

65. 这段话说每个人都会遇到很多难事,这时"朋友的作用就非常重要。有时候跟朋友说说自己的事,他们可能会给你很多帮助"。由此可知,遇到难事的时候可以去找朋友。正确答案是 C。

66. 这段话说孩子一般在"一岁多开始用一些简单的词语来表示自己的意思,这些词语常常只有两三个字"。由此可知,小孩子一般一岁多时会说一些简单的词。正确答案是 B。

67. 这段话说:"这个地方夏天常常下雨,所以这里的人都习惯出门的时候带上伞。"由此可知,这里的人习惯出门的时候带伞。正确答案是 B。

68. 这段话说:"工作后我有钱了,但是总是没时间出去玩儿。"由此可知,"我"工作以后特别忙。正确答案是 A。

69. 这段话说:"以前弟弟一直比我矮,到了中学的时候……突然长得很快,现在他已经一米八了。"由此可知,弟弟现在不比"我"矮了,而是比"我"高。正确答案是 A。

70. 这段话说"我"选择了学历史,"虽然后来开了公司,做的事跟历史没什么关系,但一直喜欢看历史故事"。由此可知,"我"开了公司,很可能是公司经理。正确答案是 B。

三、书 写

第 一 部 分

71. 这句话的主语是名词"他",谓语是动词"睡",补语是"一会儿"。正确答案是"他睡了一会儿"。

72. 这句话的主语是名词"杯子",谓语是动词"是",宾语是"的"字结构"我的",组成句子"杯子是我的"。代词"那个"做定语放在"杯子"前面,组成"那个杯子是我的"。也可以把"那个"当成主语,"杯子"当成宾语,组成"那个是我的杯子"。正确答案是"那个杯子是我的/那个是我的杯子"。

73. 这句话的主语是名词"学校",谓语是动词"有",宾语是"学生",组成句子"学校有学生"。代词"你们"做定语放在"学校"的前面。疑问代词"多少"和量词"个"修饰"学生"。正确答案是"你们学校有多少个学生"。

74. 这句话的主语是名词"他",谓语是动词"站",补语是介词短语"在中间",组成句子"他站在中间"。名词"教室"做定语放在"中间"的前面。正确答案是"他站在教室的中间"。

75. 这句话的主语是名词"我",谓语是动词"有",宾语是"衣服",组成句子"我有衣服"。"也"是副词做状语,放在动词"有"前面;数量短语"一件"和名词词组"白色的"做定语放在"衣服"前面,组成"我也有一件白色的衣服"。也可以把"白色的衣服"作为主语,"我也有一件"是主谓短语,做谓语,组成主谓谓语句"白色的衣服我也有一件"。正确答案是"我也有一件白色的衣服/白色的衣服我也有一件"。

HSK（三级）全真模拟试题（第 5 套）题解

一、听　力

第 一 部 分

1. 女的说："行李箱里都放不下了。"男的建议拿出一双鞋来。图片 C 是一双鞋。正确答案是 C。

2. 男的问女的要不要送她回家，女的回答："我妈马上开车来接我。"图片 A 是一个女人开着车。正确答案是 A。

3. 女的问男的："你骑马不害怕吗？"图片 B 上是一匹马。正确答案是 B。

4. 男的问女的喝水还是果汁，女的回答："我不太想喝水和果汁，给我一杯茶，可以吗？"图片 E 上是一杯茶。正确答案是 E。

5. 女的说："我又胖了。"男的回答："你现在每天都吃得很少，很快就会瘦的。"图片 F 上是一个女人吃得很少。正确答案是 F。

6. 男的问女的有没有参加昨天的表演，女的回答："没有，我最近腿有点儿疼，不能跳舞。"图片 A 上是一个女孩儿在跳舞。正确答案是 A。

7. 女的说："我们有四个人，请把菜单给我们。"图片 C 上是一个女的拿着菜单在点菜。正确答案是 C。

8. 男的问女的有什么爱好，女的回答："读书、听音乐、上网、打球，我特别喜欢一边上网一边听音乐。"图片 E 上是一个女的在一边上网一边听音乐。正确答案是 E。

9. 女的问男的是不是经常坐地铁上班，男的回答："我家旁边没有地铁，我只好坐公共汽车。"图片 D 上是一辆公共汽车。正确答案是 D。

10. 男的告诉女的孩子一直在哭，女的说："他可能饿了，给他喝点儿奶吧。"图片 B 上是往杯子里倒牛奶。正确答案是 B。

第 二 部 分

11. 这句话说："外面很冷吧，……快进来，房间里开着空调呢。"也就是说，房间里不冷。正确答案是"×"。

12. 这句话说："几乎每个孩子都喜欢吃蛋糕，……但是蛋糕吃得太多，对身体不好。"也就是说，孩子不能吃太多蛋糕。正确答案是"√"。

13. 这句话说："电子邮件又快又方便，现在我很少写信了。"也就是说，"我"更喜欢用电子邮件。正确答案是"√"。

14. 这句话说："他的汉语水平提高了很多，对中国文化也有了一些了解。"也就是说，他现在对中国文化有了一些了解，但没有提到他对中国文化很有兴趣。正确答案是"×"。

15. 这句话说："春、夏、秋、冬四个季节，我最爱春天。"后面解释了喜欢春天的原因。正确答案是"√"。

16. 这句话说："医生说不要等渴的时候才喝水，特别是在很热的夏天，多喝水很重要。""特别"前面是一般情况，"特别"后突出强调一般情况中的某一点，也就是说，平时要多喝水，夏天更要多喝水，而不是只有夏天才应该多喝水。正确答案是"×"。

17. 这句话说："去一个城市玩儿的时候，我总是会先买一张地图，这样可以让我更快地认识这个地方。"也就是说，地图能让我更快地认识一个地方，地图对"我"很有帮助。正确答案是"√"。

18. 这句话说："学校的图书馆很大，也很安静，……我喜欢这样的学习环境。"但没有提到"我"每天在图书馆学习。正确答案是"×"。

19. 这句话说："新搬来的邻居是个很可爱的女孩儿，我经常去她家借东西，找机会跟她说话。"那个女孩儿很可爱，"我"借东西的目的是为了借机跟她说话，也就是说，"我"很喜欢这个邻居。正确答案是"√"。

20. 这句话说:"爷爷奶奶每天早上都去公园锻炼身体,然后回家吃早饭,吃完早饭他们去超市买东西或者在家打扫房间。"只提到爷爷奶奶每天锻炼身体,但没有提到爷爷奶奶身体很健康。正确答案是"×"。

第 三 部 分

21. 女的告诉男的他们的儿子今天说了很多新的词语和句子,男的说:"看小孩儿学说话是一件很有意思的事。"由此可知,他们的儿子刚学会说话,很可能是两岁左右。正确答案是A。

22. 男的问女的葡萄有没有洗过,女的回答:"刚才想着要洗的,忘记了,你洗一下吧。"由此可知,女的让男的洗葡萄。正确答案是C。

23. 女的让男的别忘了拿帽子,男的说:"好,爬山的时候最需要帽子了。"由此可知,男的要去爬山。正确答案是A。

24. 男的想吃糖,女的说:"你已经刷过牙要睡觉了,明天再吃吧。"由此可知,男的不能吃糖是因为他已经刷过牙要睡觉了。正确答案是B。

25. 女的问男的经理为什么叫她,男的回答:"她办公室的电脑出现了问题,让你去检查一下。""她"指代上一句中的经理,由此可知,经理的电脑坏了。正确答案是C。

26. 男的问女的汉语字典可以借几天,女的回答:"一个星期,下星期五应该还回来。"可以借书,并按规定时间归还,由此可知,他们很可能在图书馆。正确答案是C。

27. 男的说:"这是给二、三年级的学生开的课,你们低年级学生听不懂。"由此可知,比二、三年级低,女的可能读一年级。正确答案是A。

28. 男的送女的生日礼物,女的说:"这个包真漂亮,而且是我最喜欢的黄色。"由此可知,男的送了女的黄色的包。正确答案是B。

29. 女的问男的找女朋友的要求,男的回答:"漂亮不漂亮没关系,但一定要聪明。"由此可知,男的喜欢聪明的女孩儿。正确答案是B。

30. 男的建议这个周末去动物园，女的说："星期六我有个会议必须参加，星期天去吧。"也就是说，女的星期六要参加会议，星期日可以去，他们打算星期日去动物园。正确答案是 C。

第 四 部 分

31. 男的说："刘老师，我有点儿发烧，可能感冒了，今天不去上课了。"由此可知，男的不去上课是因为他身体不好。正确答案是 A。

32. 女的说："机票、钱都带好了吧？还有护照。"带机票出门可能是去机场。正确答案是 B。

33. 男的说："妈，你快下去吧，火车马上要开了。"说明男的坐火车出门，让送站的妈妈快下车。正确答案是 C。

34. 能照相、上网、打电话的应该是手机。正确答案是 A。

35. 男的觉得女的住的地方很好，很方便。女的说："其他都很满意，就是我们这个楼没电梯。"由此可知，女的对没有电梯不满意。正确答案是 A。

36. 女的问男的有没有想过换工作，男的说他除了开车什么也不会。由此可知，男的是一名司机。正确答案是 C。

37. 男的说："你一点变化都没有，跟大学时一样。"由此可知，他们可能是大学同学。正确答案是 B。

38. 女的问男的来北京后是否习惯，男的回答："吃的住的还可以，就是觉得天气太热了。"由此可知，男的不习惯北京的天气。正确答案是 C。

39. 男的问女的喜欢看什么电视节目，女的回答："我最喜欢看体育节目，特别是足球比赛。"由此可知，女的喜欢看体育节目。正确答案是 B。

40. 女的问："已经七点一刻了，你怎么还没到啊？"男的回答："电影不是还有十五分钟才开始吗？我马上就到。"也就是说，电影七点半开始。正确答案是 B。

二、阅　读

第一部分

41. 这句话说："帮你洗干净放床上了。"这个句子的前后句应该和洗的东西有关。和它对应的句子是："妈妈，我那条蓝色的短裙呢？"整句的意思是：蓝色短裙被妈妈洗干净放在床上了。正确答案是 D。

42. 这句话说："我们班数学成绩好的都是女同学。"这个句子的前后句应该和女同学有关。和它对应的句子是："那是因为她们很认真，很努力。"整句的意思是：我们班数学成绩好的都是女同学，因为她们很认真，很努力。正确答案是 F。

43. 这句话说："其实很容易的，你玩儿一会儿就会了。"这个句子的前后句应该和玩儿的东西有关。和它对应的句子是："这个游戏很有意思，你能教教我吗？"整句的意思是：我想玩儿这个游戏，别人告诉我其实很容易，一玩儿就会。正确答案是 B。

44. 这句话说："我昨天才来，还分不清东西南北呢。"这个句子的前后句应该和某个地方有关。和它对应的句子是："你慢慢儿就会了解这个城市的。"整句的意思是：因为昨天才来，所以分不清东南西北，但慢慢儿就会了解这个城市。正确答案是 C。

45. 这句话说："这表示她喜欢你。"这个句子的前后句应该和喜欢的表现有关。和它对应的句子是："你发现了吗？她一见到你就脸红。"整句的意思是：她一见你就脸红，表示她很喜欢你。正确答案是 A。

46. 这句话说："别着急，这件事我来解决。"这个句子的前后句应该和着急的事有关。和它对应的句子是："你能帮我想个办法吗？"整句的意思是：你不要着急，我会帮你想办法的。正确答案是 A。

47. 这句话说："卖了，这车二十万呢，要不哪有那么多钱？"这个句子的前后句应该和车有关。和它对应的句子是："你买了一辆新车啊，旧的呢？"

整句的意思是：他把旧车卖了，买了二十多万的新车。正确答案是 B。

48. 这句话说："这种药有作用吗？"这个句子的前后句应该和药有关。和它对应的句子是："我吃了一个星期了，感冒还是没好。"整句的意思是：这种药我吃了一个星期了，感冒还是没好。正确答案是 D。

49. 这句话说："新来的刘老师讲课清楚明白。"这个句子的前后句应该和新来的老师或学习有关。和它对应的句子是："今天的练习这么难，你都做对了？"整句的意思是：新来的刘老师讲课清楚明白，所以今天的练习都做对了。正确答案是 E。

50. 这句话说："你跟我说说她长什么样。"这个句子的前后句应该和"她"有关。和它对应的句子是："大大的眼睛，高高的鼻子，长长的头发。"整句的意思是：她长着大眼睛，高鼻子，长头发。正确答案是 C。

第 二 部 分

51. "一个"是数量短语，后面接名词，选项中能用"个"做量词的名词是"眼镜"。放在句中意思是：我打算换一个眼镜，黑板上的字我看不清楚了。另外，从因果关系上也可判断：因为看不清字，所以换"眼镜"。正确答案是 F。

52. "坏"是形容词，前面接副词，选项中"突然"可以做副词。放在句中意思是：我正在洗澡，洗手间里的灯突然坏了。正确答案是 D。

53. 整句话意思是：因为有了三天的努力这个过程，所以我们终于完成了工作。选项中"经过"表示通过某种方式或过程，达到某种目的。正确答案是 B。

54. "用铅笔"是一个介词短语，表示动作的方式，后面接动词，选项中与"铅笔"有关的动词是"画"。放在句中意思是：女儿用铅笔画了一个漂亮的花园。正确答案是 A。

55. "一下"表示动作的时间很短或尝试,前面常接动词,选项中与"门"有关的动词是"关"。放在句中意思是:请帮我关一下门,刮风了。正确答案是C。

56. "结婚"的前面可以用"愿意、能、想、肯、要"等能愿动词修饰,选项中"愿意"是能愿动词。放在句中的意思是:你愿意跟我结婚吗?正确答案是C。

57. "的"后面接名词,选项中和对话内容相关的名词是"节日"。放在句中的意思是:今天是中国最大的节日——春节。正确答案是B。

58. "大"是形容词,后面接名词。对话内容是说住的地方在第三层,选项中"楼"是名词,且和"住在第三层"相关。放在句中的意思是:你住在这个大楼里吗?正确答案是A。

59. "蓝色"和"黄色"之间可能是选择关系,"还是"表示对两种及以上事物或情况进行选择。放在句中的意思是:买这种蓝色的盘子还是那种黄色的?正确答案是F。

60. "很"是副词,后面接形容词。谈话内容是说一个人很好,选项中形容人很好的形容词是"热情"。放在句中的意思是:小王对谁都很热情。正确答案是E。

第 三 部 分

61. 这段话说:"我站在爸爸妈妈中间……"由此可知,"我"站在中间。正确答案是A。

62. 这段话说:"这是我们市最长的河……环境很好,但过去不是这样的。"由此可知,过去这里的环境很不好。正确答案是B。

63. 这段话说:"小时候爸爸妈妈对我的要求是:好好学习,天天向上。"由此可知,爸爸妈妈希望"我"努力学习,得到更好的成绩。也就是说,他们希望"我"学习好。正确答案是 A。

64. 这段话说:"2011 年 8 月 11 日,世界大学生运动会在中国深圳举行……这次大学生运动员举行了 12 天。"由此可知,大学生运动会举行了 12 天。正确答案是 B。

65. 这段话说:"来中国后我第一次看到筷子……而且我同意中国人说的,多用筷子会变得聪明。"由此可知,多用筷子可以让人变得聪明。正确答案是 C。

66. 这段话说:"那个时候为了能吃到香蕉,我希望自己天天都生病。"由此可知,小时候,"我"希望自己生病,因为这样就能吃到香蕉。正确答案是 A。

67. 这段话说:"他的妻子是一位教汉语的中国人。"由此可知,他的妻子是一位教汉语的老师。正确答案是 C。

68. 这段话说:"从小我就特别喜欢看天上的太阳、月亮和白白的云。"由此可知,"我"喜欢看太阳、月亮和云。正确答案是 B。

69. 这段话说:"我家有五口人,除了我,其他人都是老师……"由此可知,"我"家有四位老师。正确答案是 A。

70. 这段话说:"你关心别人,别人才会关心你。"由此可知,我们应该经常关心别人。正确答案是 C。

三、书 写

第 一 部 分

71. 这句话的主语是代词"我",谓语是"不喝",宾语是"啤酒",组成句子"我不喝啤酒"。"一般"是副词,可以放在"不喝啤酒"前面做状语,也可以放在句首。正确答案是"我一般不喝啤酒／一般我不喝啤酒"。

72. 这句话的主语是名词"阿姨",谓语是动词"决定",宾语是"去",组成句子"阿姨决定去"。"不"是副词,放在谓语前做状语,"了"放在句子最后,表示变化。正确答案是"阿姨决定不去了"。

73. 结构"别+动词"意思是让别人不要做什么。这个句子的谓语动词是"影响",宾语是"我学习",组成句子"别影响我学习。""请"常放在句子开头,构成祈使句。正确答案是"请别影响我学习"。

74. 这个句子中有介词"被",很可能是被动句。"被"字句的一般结构是"主语+被+(宾语)+动词+其他成分"。句中"动词+其他成分"是"踢了一脚",代词"他"可以做句子的主语,也可以做句子的宾语。正确答案是"他被踢了一脚／被他踢了一脚"。

75. 这个句子中主语是"这件事","让"的一般结构是"'让'+名词+谓语",在这个句子中名词是"姐姐",谓语是"难过",组成"让姐姐难过"。"特别"是副词,用在谓语前面,正确答案是"这件事让姐姐特别难过"。

HSK（三级）全真模拟试题（第6套）题解

一、听　力

第 一 部 分

1. 女的说："这是上次我们全家一起照的照片。"图片 A 是一家人一起拍的照片，正确答案是 A。

2. 女的说："饭马上就好，桌子上有面包和果汁，先吃点儿吧。"图片 C 是面包和果汁，正确答案是 C。

3. 女的说："爸爸，今天我帮妈妈做菜了。"图片 B 是一个小女孩儿在跟妈妈一起做菜。正确答案是 B。

4. 男的说："厨房的灯怎么没关？"女的说："我刚才打扫厨房，忘记关了。"图片 F 是一个女的在打扫厨房，正确答案是 F。

5. 男的说："医生说还需要再吃几次药，快吃吧。"图片 E 是一个女孩儿在吃药，正确答案是 E。

6. 女的说："我每天都骑车，而且，我就喜欢这样的大晴天。"图片 A 是晴天里一个女的正在骑自行车。正确答案是 A。

7. 女的说："爸爸，世界上有这么多国家啊。"男的说："每个国家都是不一样的。"图片 B 是一张世界地图。正确答案是 B。

8. 男的说："我以前的女朋友就要跟别人结婚了。"图片 E 是一个女的穿着结婚的衣服。正确答案是 E。

9. 女的说："我在超市买了香蕉，很甜，吃吗？"图片 C 是香蕉。正确答案是 C。

10. 男的说："你怎么拿出来这么多双鞋？"图片 D 是一个女的脚下放了很多双鞋。正确答案是 D。

第二部分

11. 这句话说:"除了星期天她每天都要工作。"也就是说,一个星期七天,她星期天休息,星期一到星期六都要工作。正确答案是"√"。

12. 这句话说:"他在房间里东看看西看看,觉得什么都很奇怪,看见什么都很高兴。"也就是说儿子在宾馆感到很新鲜,他喜欢住宾馆。正确答案是"×"。

13. 这句话说:"那些书都搬到二层的办公室,再把楼上的旧书搬下来。"也就是说,他们正在搬办公室里的书,而不是搬家里的东西。正确答案是"×"。

14. 这句话说:"结婚后我就把小狗送给了喜欢动物的爷爷奶奶。"由此可知,爷爷奶奶喜欢小狗。正确答案是"√"。

15. 这句话说妈妈天天坐在家里看电视,并建议妈妈到附近的公园锻炼身体,也就是说,妈妈很少锻炼身体。正确答案是"×"。

16. 这句话只是说了南方和北方在季节上的区别,并说自己喜欢住在北方,但并没说"我"现在住在哪里。正确答案是"×"。

17. 这句话说:"我已经不是小孩儿了,我希望……自己去解决问题。"也就是说,"我"不希望别人帮"我"解决问题。正确答案是"×"。

18. 这句话说:"我在图书馆借了一本字典,今天必须还,但我下午要去机场接朋友,你帮我还一下,可以吗?"也就是说,"我"已经借了书,现在没有时间还书,希望朋友帮"我"还书。正确答案是"×"。

19. 这句话说:"女儿……看到了熊猫,觉得它……很可爱……"也就是说,女儿非常喜欢熊猫。正确答案是"√"。

20. 这句话说:"我现在在地铁里,十五分钟以后才能到家……"也就是说,"我"还没有到家,在回家的路上。正确答案是"√"。

第三部分

21. 女的想照相,男的说:"照相机放车上了,没带下来。"由此可知,现在他没有相机,不能照相。正确答案是 A。

22. 女的说:"还是去医院找小张给你检查一下吧。"也就是说,小张的工作是在医院给人检查身体,他很可能是一名医生。正确答案是 C。

23. 女的说:"六点半的火车,我们就在家简单吃点儿吧。"由此可知,他们要去坐六点半的火车,也就是去火车站。正确答案是 B。

24. 男的问女的脸为什么红红的,女的说:"中午跟同事喝了点儿啤酒。"由此可知,女的中午因为喝酒所以脸红了。正确答案是 A。

25. 女的说:"叔、叔阿姨,火车来了,你们回去吧。"男的让女的照顾好自己,到学校后给他们打个电话。由此可知,女的要坐火车回学校,叔叔阿姨来送她。正确答案是 B。

26. 洗手间的灯坏了,女的对男的说:"你一会儿洗澡的时候要小心点儿。"正确答案是 C。

27. 女的说会已经开了两个小时了,男的说现在六点了,也就是说,会议是四点开始的。正确答案是 B。

28. 男的让女的用几个词语说一个句子,女的说:"这还不容易?"这是个反问句,表达的是肯定的意思,也就是说,女的觉得很容易。正确答案是 A。

29. 男的说:"我认为我们应该相信孩子。"这里的"孩子"指代飞飞,也就是说,男的相信飞飞。正确的答案是 C。

30. 男的说一共卖了7个空调,女的说:"我刚才又卖出去两个。"也就是说,他们一共卖了9个空调。正确答案是 C。

第 四 部 分

31. 男的说:"祝你生日快乐!这个蛋糕是我送你的礼物。"也就是说,今天是女的生日。正确答案是 A。

32. 女的说她 15 岁离开上海,到现在已经 50 年了,也就是说,女的现在 65 岁了。正确答案是 C。

33. 男的觉得他的椅子有点儿矮,要妈妈换一个高点儿的椅子。由此可知,男的想要高一点儿的椅子。正确答案是 B。

34. 男的说在八月十五这个重要的节日,中国人会和家人一起吃饭,看月亮。正确答案是 C。

35. 女的说她儿子喜欢画画儿,不喜欢数学,数学成绩不好。正确答案是 A。

36. 男的问女的去几楼,女的说八楼。男的说:"我去三楼开会,我到了,再见。"由此可知,他们现在是在电梯里说话。正确答案是 B。

37. 男的说汉字不难,然后说了一个汉字,这个汉字是"女"和"马"两个字合在一起的,是"妈"字。正确答案是 A。

38. 女的说大家都穿裙子,男的说:"其他人都穿裙子,你才更应该穿裤子。"也就是说,男的觉得别人都穿裙子,女的应该跟别人不同,所以让女的穿裤子。正确答案是 C。

39. 男的说:"我今天不出去运动了,吃得太饱了。"也就是说,男的吃得太多,不想出去运动了。正确答案是 A。

40. 男的说女的和刘小如十年没见了,女的说刘小如还像读大学时那样年轻漂亮。由此可知,女的和刘小如可能一起读大学,是同学。正确答案是 B。

二、阅 读

第 一 部 分

41. 这句话说:"我发现老张最近瘦了很多。"这个句子的前后句应该跟身体瘦的原因有关。和它对应的句子是:"他忙得几乎没时间睡觉,能不瘦吗?"整句的意思是:老张瘦了很多是因为他最近太忙了,没时间睡觉。正确答案是 F。

42. 这句话说:"请问你们几位?"这个句子的前后句应该跟人数或者去饭店吃饭有关。和它对应的句子是:"四个人,请先给我看一下菜单。"整句话的意思是:服务员问客人一共有几个人,客人回答说四个人,然后开始看菜单。正确答案是 C。

43. 这句话说:"我听说他在那儿上网不方便。"这个句子的前后句应该跟上网或者电脑有关。和它对应的句子是:"我给他写了电子邮件,但他一直没回我。"整句话的意思是:他给一个人写了电子邮件,但是那个人一直没有给他回邮件,因为那个人上网不方便。正确答案是 A。

44. 这句话说:"同意,而且夏天短一点舒服。"这个句子的前后句可能跟头发的长短有关。和它对应的句子是:"我觉得自己短头发更漂亮,你觉得呢?"整句话的意思是:他觉得自己头发短一点儿更漂亮,别人也同意,而且夏天头发短舒服。正确答案是 B。

45. 这句话说:"不用,如果下雨我就坐出租车回来。"这个句子的前后句应该跟天气或者坐车有关。和它对应的句子是:"外面刮风了,可能要下雨,你带把伞吧。"整句话的意思是:外面可能要下雨了,但是他不想带伞,如果下雨他坐出租车回家。正确答案是 D。

46. 这句话说:"没关系,我买两个面包带着吧。"这个句子的前后句应该跟吃东西有关。和它对应的句子是:"比赛六点一刻开始,没时间吃晚饭了。"整句话的意思是:去看比赛但是没时间吃晚饭了,所以带两个面包吃。正确答案是 E。

47. 这句话说:"你在哪儿?我已经到机场了。"这个句子的前后句应该跟地点有关。和它对应的句子是:"我正在等行李箱呢,马上出来。"整句话的意思是:一个人来机场接朋友,打电话问他在哪儿,他说正在等行李箱,马上就出机场了。正确答案是 B。

48. 这句话说:"护照被我忘在家里了,怎么办?"这个句子的前后句应该跟护照有关。和它对应的句子是:"没办法,回去拿吧,没有护照上不了飞机。"整句话的意思是:护照忘在家了,但是没有护照不能上飞机。正确答案是 D。

49. 这句话说:"两个都是新买的,你选一个喜欢的颜色吧。"这个句子的前后句应该跟新的东西或者颜色有关。和它对应的句子是:"这个黄色的游泳帽是给我的吗?"整句话的意思是:两个新买的游泳帽,两种颜色,让他选一种自己喜欢的颜色。正确答案是 C。

50. 这句话说:"不错,是个很热情的人。"这个句子的前后句应该跟一个人有关。和它对应的句子是:"新来的邻居人怎么样啊?"整句话的意思是:一个人问他新来的邻居怎么样,他觉得邻居人很热情。正确答案是 A。

第 二 部 分

51. "写"是动词,后面需要一个名词。"电子邮件"也是一种"信",选项中可以与"写"搭配的名词是"信"。正确答案是 D。

52. "水平"是主语,后面需要一个动词或形容词做谓语。选项中可以和"水平"搭配的动词是"提高"。正确答案是 B。

53. ( )里面需要一个可以跟介词"在"搭配的动词,选项中可以带介词"在"的动词是"出现",搭配起来是"出现在我身边"。正确答案是 F。

54. "特别"是副词,后面需要一个形容词,选项中"有名"是形容词,放在句中的意思是:这儿的茶很有名,很多人都知道。正确答案是 A。

55. "看"是动词,后面需要一个名词做宾语,选项中可以与"看"搭配的名词是"黑板",放在句子中的意思是:现在正在上课,请大家不要说话,看黑板。正确答案是C。

56. "一"是数词,"车"是名词,中间需要一个量词。选项中"辆"是量词,可以用在车的前面。正确答案是B。

57. "太"是副词,后面需要一个形容词或者动词。句子中"快给我一杯水"表示说话人要喝水,所以是太渴了。正确答案是F。

58. "别"是副词,表示不要,后面需要一个动词或者动词短语。选项中"迟到""放心"都是动词,句子的意思是儿子的表演六点开始,希望他早点下班来看儿子表演,不要迟到。正确答案是A。

59. "早就复习好了"表示考试不需要担心,不需要害怕。选项中"放心"的意思是"不需要担心或害怕"。正确答案是C。

60. "先……然后……"是汉语中常见的一个格式,常用来表示时间或顺序先后。正确答案是E。

第 三 部 分

61. 这段话说:"我的普通话说得比较差,要多练习,希望大家多帮助我。"也就是说,"我"希望大家多帮助我提高普通话水平。正确答案是B。

62. 这段话说:"对狗来说,鼻子比眼睛、耳朵的作用更大。"也就是说,对狗来说鼻子最重要。正确答案是A。

63. 这段话说:"音乐不会影响我学习,它能让我更好地完成作业。"也就是说,听音乐能让"我"更好地写作业。正确答案是C。

64. 这段话说:"我对新买的房子特别满意,虽然离公司比较远……"也就是说,"我"新买的房子离公司远。正确答案是 A。

65. 这段话说:"以前去银行办事,如果人很多要站着等;现在……有报纸……有糖或者茶水……时间过得很快。"也就是说,银行放报纸是为了让人觉得等的时间不长,不用着急。正确答案是 C。

66. 这段话说:"我们离山脚下不太远了,……从山上向下看特别漂亮。"也就是说他们要去爬山。正确答案是 A。

67. 这段话是说世界上没有什么很难的事情,只要你努力去做,什么事情都能做好。语意的重点是鼓励人们努力做事,而不在于说明世上有没有难事和老话说得对不对。正确答案是 B。

68. 这段话是说他的腿很疼,不能上体育课了,希望张老师同意他去医院看医生。正确答案是 A。

69. 这段话说两个人,一个人"很安静",一个人"喜欢说喜欢笑",而且两个人"兴趣爱好也很不一样",但是这两个很不一样的人是最好的朋友。正确答案是 C。

70. 这段话说:"孩子两三岁就应该开始刷牙了,……每次刷三分钟。刷牙的水不要太冷也不要太热……"由此可知,孩子刷牙应该从两三岁开始。正确答案是 C。

三、书 写

第 一 部 分

71. 这句话的主语是代词"他","在家"做地点状语,谓语是"吃饭",组成句子"他在家吃饭"。"一般"做时间状语,可以放在主语前面,也可以放在主语后面。正确答案是"一般他在家吃饭/他一般在家吃饭"。

72. 这句话的主语是代词"我",心理动词"喜欢"和动词"看"做谓语,后面需要名词做宾语。"历史"和"故事"都是名词,"名词+名词"组成"历史故事"做谓语动词"看"的宾语。正确答案是"我喜欢看历史故事"。

73. 这句话有助词"吗",是疑问句。主语是代词"你",能愿动词"敢"放在主语的后面,和动词"比赛"一起做谓语,介词"跟"和代词"我"合在一起做状语应放在动词"比赛"的前面。正确答案是"你敢跟我比赛吗"。

74. 这句话中代词"他"做主语,"V+着"表示正在做什么事情,"看"是动词,"看着"做句子谓语,形容词"奇怪"和助词"地"组成"奇怪地"做句子的状语,应放在"看着"的前面,代词"我"做宾语。正确答案是"他奇怪地看着我",也可以说"我奇怪地看着他"。

75. 这个句子中有一个介词"比",很可能是"比"字句,"比"字句的一般结构是"A比B+形容词",其中A是"我的成绩"或"他的成绩",B是"他"或"我",形容词是"低","两分"表示低的具体程度,放在"低"的后面。正确答案是"我的成绩比他低两分/他的成绩比我低两分"。

HSK（三级）全真模拟试题（第7套）题解

一、听　力

第 一 部 分

1. 女的问男的衬衫怎么样，图片 E 是一个女的拿着一件衬衫。正确答案是 E。

2. 男的说："我们快点儿打扫吧，同学们就要到了。"女的说大家看到教室这么干净一定会很高兴的。图片 B 是一间干净的教室。正确答案是 B。

3. 女的说："太好了，我又瘦了。"图片 C 是一个女孩儿的裤子太大了。正确答案是 C。

4. 女的说："爸爸，你买的苹果真甜真好吃。"图片 A 是一个女孩儿正在吃苹果。正确答案是 A。

5. 男的问孩子哪里不舒服，女的说孩子最近肚子经常疼，希望男的检查一下。图片 F 是一个医生正在给一个孩子做检查。正确答案是 F。

6. 男的说："快来帮个忙，帮我拿几个盘子。"图片 E 是一个人拿来了盘子。正确答案是 E。

7. 女的说："爷爷，您刚才讲的那个故事真有意思。"图片 A 是一个老人正在给一个女孩儿讲故事。正确答案是 A。

8. 男的请女的看看这段英语写得对不对，图片 C 是一个女的正在改英文。正确答案是 C。

9. 女的正在找眼镜，男的说眼镜在包上，图片 D 是一个包，包上面有一副眼镜。正确答案是 D。

10. 男的问女的愿意不愿意跟他结婚，图片 B 是一对青年男女在亲密交谈。正确答案是 B。

第 二 部 分

11. 这句话说："他家的花园……最特别的是还有蓝色的花儿，邻居们没事都喜欢去他家……看花儿。"由此可知，他喜欢蓝色的花儿。正确答案是"×"。

12. 这句话说"我"的自行车借给别人了，"还是坐地铁去吧"。正确答案是"√"。

13. 这句话说："我每天都是差十分七点起床。"也就是说，"我"早上六点五十起床。正确答案是"×"。

14. 这句话说："我这个经理也有很多做得不好的地方……"也就是说"我"是这个公司的经理。正确答案是"√"。

15. 这句话说朋友告诉"我"怎样做才会健康，但没有提到朋友健康不健康。正确答案是"×"。

16. 这句话说儿子有一边吃饭一边看书的习惯，因为这个习惯使儿子的眼睛越来越不好，学习成绩也不好了，所以这是一个坏习惯。正确答案是"√"。

17. 这句话说不要 24 小时开着空调，因为这样可能会让人生病。也就是说，空调不能长时间开着。正确答案是"√"。

18. 这句话是告诉刘校长事情的经过，"我"已经解决了两个孩子谁先骑马的问题，不需要担心孩子出事，但没有提到刘校长喜欢骑马。正确答案是"×"。

19. 这句话说小张上次爬山回来就生病了，以后再也不敢去了，说是怕再生病。也就是说，小张不是经常爬山。正确答案是"×"。

20. 这句话说以前这个城市环境不好，现在变得很干净、漂亮了。也就是说，这个城市的变化很大。正确答案是"√"。

第 三 部 分

21. 女的说："怎么又看电视了？作业写完了吗？"由此可知，女的不希望男的看电视，希望他写作业。正确答案是A。

22. 男的说："动物园附近没有吃饭的地方，买点儿面包带着吧。"由此可知，他们准备去动物园。正确答案是C。

23. 因为音乐声音很大，影响女的复习，所以女的让男的把声音关小。正确答案是A。

24. 男的说葡萄"八块钱两斤"，也就是说葡萄是四块钱一斤。正确答案是B。

25. 女的问男的："您想要什么样的房间？"也就是说，女的可能在宾馆工作，是一个服务员。正确答案是C。

26. 男的说女的买的裤子有点儿短，希望换一条长一点儿的。由此可知，男的想要一条长点儿的裤子。正确答案是A。

27. 女的把桌子上的旧书卖了，男的说："啊？……书里有几张很重要的照片。"由此可知，男的现在很着急，想要那些照片。正确答案是B。

28. 男的说："北方这个时候都下雪了，但是这儿还是像春天一样。"也就是说，现在是冬天，但是这儿的天气像春天一样。正确答案是C。

29. 女的问洗手间在哪儿，男的说这一层没有洗手间，再上一层三楼有。也就是说，他们现在在二楼。正确答案是B。

30. 女的说："我喜欢秋天是因为能吃到很多种水果。"正确答案是C。

第 四 部 分

31. 女的打算今天下午去还书，但是男的想看那本书，他说明天他去还书，女的同意了。由此可知，男的明天会去还书。正确答案是 A。

32. 男的做了面条儿给女的，并且说："妈妈，祝你生日快乐！"由此可知，男的做面条儿是因为妈妈的生日。正确答案是 B。

33. 男的说女的走路都分不清方向，不能开车，女的说她有电子地图，开车没有问题。正确答案是 A。

34. 男的说有个病人出了一些问题，他要去看看。由此可知，他可能在医院工作，是一个医生。正确答案是 A。

35. 女的对男的说："好久不见，长这么高了。"也就是说，男的很久没有来女的家了，而且男的长高了很多。正确答案是 B。

36. 女的说男的以前普通话说得很差，现在说得特别好。由此可知，男的普通话现在说得很好。正确答案是 C。

37. 男的说："除了面条儿，你做什么我都爱吃。"由此可知，男的不喜欢吃面条儿。正确答案是 B。

38. 女的想买车，男的说坐地铁比开车更方便，而且马上就有几条新开的地铁，哪儿都能去。由此可知，男的觉得坐地铁比开车更方便。正确答案是 C。

39. 女的带了两个行李箱，带的东西多，她想白天玩儿，晚上在宾馆用电脑玩儿游戏。由此可知，他们要去旅游。正确答案是 A。

40. 女的问男的："护照和机票都放好了吗？"男的说他都放好了，让女的回去，他要进去了。由此可知，他们现在可能在机场，女的是在送男的。正确答案是 C。

二、阅 读

第一部分

41. 这句话说:"这是树,书上有鸟,旁边是小河,还有白云。"这个句子的前后句应该跟"这是什么"或者"这里有什么"有关。和它对应的句子是:"告诉妈妈,你在黑板上画的是什么啊?"整句的意思是:妈妈问孩子画了什么。孩子告诉妈妈有树,有鸟,有小河,还有云。正确答案是C。

42. 这句话说:"王春最近学习特别认真。"这个句子的前后句应该跟学习有关。和它对应的句子是:"数学成绩提高了很多。"整句的意思是:因为王春最近学习很认真,所以他的数学成绩提高了很多。正确答案是B。

43. 这句话说:"她每天都很努力地练习,但水平还是比别人低。"这个句子的前后句应该跟她努力练习的原因有关。和它对应的句子是:"明天就要参加比赛了,她有点儿担心。"整句的意思是:她每天努力地练习,水平还是没有别人好,明天的比赛让她很担心。正确答案是D。

44. 这句话说:"他很热情地说帮我买一本。"这个句子的前后句应该跟买东西有关。和它对应的句子是:"我想买一本字典。"整句的意思是:"我"需要一本字典,他要帮"我"买。正确答案是F。

45. 这句话说:"我想知道几点能结束。"这个句子的前后句应该跟一个活动的时间有关。和它对应的句子是:"表演下午三点半举行,请大家不要迟到。"整句的意思是:别人告诉他下午三点半表演开始,但是他想知道表演几点结束。正确答案是A。

46. 这句话说:"你能介绍几本书给她吗?"这个句子的前后句应该跟介绍书的原因有关。和它对应的句子是:"她对中国的历史文化很有兴趣。"整句的意思是:她很喜欢中国的历史文化,希望别人给她介绍跟中国历史文化有关的书。正确答案是A。

47. 这句话说："但是香蕉是不应该放冰箱里的。"这个句子的前后句应该跟水果或者冰箱有关。和它对应的句子是："妈妈把刚才买的水果放冰箱里了。"整句的意思是：妈妈把水果放在冰箱里了，但是"我"觉得香蕉不能放在冰箱里。正确答案是 B。

48. 这句话说："好的，马上就来。"这个句子的前后句应该跟叫某人来有关。和它对应的句子是："服务员，请把菜单拿来。"整句的意思是：客人请服务员拿菜单，服务员说马上就拿来。正确答案是 D。

49. 这句话说："你了解他吗？"这个句子的前后句应该跟一个人有关。和它对应的句子是："虽然我们是同事，但关系一般，不太了解。"整句的意思是：他们两个虽然是同事，但关系一般，所以不太了解那个人。正确答案是 C。

50. 这句话说："你教了我很多，对我来说这就是最好的礼物。"这个句子的前后句应该跟对别人的感谢有关。和它对应的句子是："你要走了，我也没什么能送给你的。"整句的意思是：他走之前别人不知道送什么礼物给他，但是他觉得别人教会他的东西已经是最好的礼物了。正确答案是 E。

第二部分

51. 这是一个"把"字句，"把"字句的常见结构是"主语＋把＋宾语＋谓语动词＋其他成分"，这里需要一个动词，选项中与"桌子"相关的动词是"搬"。正确答案是 F。

52. 助词"的"后面常接名词，选项中与"新学"和"写一段话"相关的名词是"词语"。正确答案是 C。

53. "一"是数词，"面条儿"是名词，中间需要一个量词，选项中"碗"可以做"面条儿"的量词。正确答案是 D。

54. 代词"我"做主语，后面需要一个动词或形容词做谓语。"了"在句尾表示变化。选项中"胖"放到句子中意思是:"我"因为变胖了,所以裙子穿不下了。正确答案是 A。

55. 判断动词"是"前面常接副词或形容词做状语,选项中"主要"的意思是"大部分,重要的"。正确答案是 B。

56. 助词"了"的前面常接动词或形容词表示动作完成或发生变化,选项中与"钱"有关的动词是"还",放在句中意思是:"你借老张的一千块钱还给老张了吗?"正确答案是 F。

57. "比较"在这里是副词,后面需要一个形容词或者动词。"这个椅子太高了,坐着不舒服",所以应该选不太高的,也就是矮一点儿的。正确答案是 B。

58. 数词"几"后面需要一个量词,回答说"我们一共八个人",所以这里应放与"人"有关的量词。选项中与"人"有关的量词是"位"。正确答案是 C。

59. "疼"是形容词,前面需要一个名词来说明是什么"疼",与"疼"有关的应该是人身体的某一个部位,选项中名词"耳朵"是人身体的一个部位。正确答案是 A。

60. A 说周末没时间,B 说见一面怎么就这么难,也就是说一直都很难见到面。动词"说"前面需要一个副词,选项中"总是"是副词,意思是"一直"。正确答案是 E。

第 三 部 分

61. 这段话说:"小王,你还是给我打电话吧……不要写电子邮件。"也就是说,说话人希望小王不要写邮件。正确答案是 C。

62. 这段话说以前没书看,现在去书店不知道应该选择哪一本书,也就是说现在的书太多了，都不知道该看什么了。正确答案是A。

63. 这段话说他喜欢长头发、大眼睛、高鼻子、聪明、漂亮的女孩儿。也就是说，他对女孩儿的要求比较高。正确答案是B。

64. 这段话说考试的时间是"三点一刻到五点一刻……不要用铅笔答题"。也就是说考试一共两个小时，不能用铅笔写。正确答案是C。

65. 这段话说吃完饭以后一定要走走，对身体好。也就是说，吃完饭要走走，走路也是运动，运动对人身体好，使人身体健康。正确答案是B。

66. 这段话说："很多男人想哭的时候不敢哭，害怕别人笑自己，……为了健康，想哭的时候就应该哭出来。"也就是说，说话人觉得男人应该想哭就哭，这样对自己的身体好。正确答案是C。

67. 这段话说："长时间体育锻炼以后，……有的人还会觉得有点儿不舒服……吃一块儿糖或者喝杯果汁就会好的。"由此可知，锻炼以后如果觉得不舒服，应该吃一块糖或者喝点儿果汁。正确答案是A。

68. 这段话说他每天工作十几个小时，完成了别人认为不可能完成的工作，所以经理很满意，决定送他出国学习一年。也就是说，因为他工作努力，所以经理送他出国学习。正确答案是B。

69. 这段话说他在电视上看过熊猫，很喜欢熊猫，他希望有机会去中国看真的熊猫。由此可知，他希望看真的熊猫。正确答案是C。

70. 这段话说："电梯快上来了，别回去拿伞了，没带就没带吧……"也就是说，说话人觉得不带伞没有关系，如果真的下雨了，可以跑回来。正确答案是A。

三、书 写
第 一 部 分

71. 这句话的主语是表示地点的名词"家里",定语是代词"他",谓语是动词"来","客人"做"来"的宾语,"了"既可以放在动词"来"后面,表示已经发生的动作或变化,也可以放在句尾表示变化。正确答案是"他家里来客人了/他家里来了客人"。

72. 这句话里有"把",是个"把"字句,结构是"主语+把+宾语+谓语动词+其他成分"。句子的主语是代词"你",宾语是名词"碗",谓语动词是"洗",其他成分是"一下"。正确答案是"你把碗洗一下"。

73. 这句话的主语是名词"经理"。"是"和"的"组成"是"字句,"是"放在主语的后面,"的"放在句尾。动词"同意"做谓语,"不会"否定动词"同意",组成"不会同意"。正确答案是"经理是不会同意的"。

74. 这句话的主语是名词"孩子",谓语是动词"用",名词"筷子"做"用"的宾语,"不会"否定谓语动词,副词"还"做状语应放在动词的前面,语气词"呢"常放在句末。正确答案是"孩子还不会用筷子呢"。

75. 这句话的主语是代词"我"或者"他",连词"跟"连接两个名词或代词,互换位置句子意思不变。谓语是动词"有",宾语是名词"爱好",形容词"相同"和助词"的"合在一起做定语放在名词"爱好"的前面。正确答案是"我跟他有相同的爱好/他跟我有相同的爱好"。

HSK（三级）全真模拟试题（第8套）题解

一、听　力

第 一 部 分

1. 女的说她吃面包，喝果汁，男的要喝咖啡。图片 C 有面包、果汁和咖啡。正确答案是 C。

2. 男的告诉女的他最喜欢大熊猫，女的也觉得熊猫很可爱。图片 B 上有一只大熊猫。正确答案是 B。

3. 女的说："祝你生日快乐！这是我送你的礼物。"图片 A 是一个女人手里拿着一件礼物。正确答案是 A。

4. 男的说："不知道你喜欢什么水果，我就每种都买了一些。"图片 F 中是一些水果。正确答案是 F。

5. 女的问男的："我新买的帽子怎么样？"图片 E 是一个戴着帽子的女人。正确答案是 E。

6. 男的问："我的护照找到了吗？"女的说放在行李箱上面了。图片 B 中行李箱上面放着一本护照。正确答案是 B。

7. 男的说："医生，我最近经常牙疼，特别是刷牙的时候。"图片 D 是一个医生正在给病人检查牙。正确答案是 D。

8. 男的说："你骑马骑得真好，能教教我吗？"图片 C 上是一匹马。正确答案是 C。

9. 女的说："我把那件绿衬衫放在桌子上了，洗完澡换上。"图片 A 是一件衬衫。正确答案是 A。

10. 男的问:"这么多鞋,就没有一双你满意的吗?"图片 E 上一个人的脚下有很多双鞋。正确答案是 E。

第二部分

11. 这句话说:"他小时候总是希望自己快点儿长大……"也就是说,他小时候很想长大。正确答案是"×"。

12. 这句话说:"这是我上个星期在你们这儿买的照相机,只用了两次就坏了……"也就是说,"我"新买的照相机坏了。正确答案是"√"。

13. 这句话说:"虽然我是北京人……我是在国外长大的……"也就是说,"我"不是在北京长大的。正确答案是"×"。

14. 这句话说:"我也知道运动对身体非常重要,但……哪有时间锻炼呢?""哪有时间锻炼呢"是反问句,也就是说,"我"没有时间锻炼身体。正确答案是"√"。

15. 这句话说:"今天……是老师的节日,很多学生给我发电子邮件祝我节日快乐,还有学生送给我漂亮的花儿。"由此可知,"我"是一个老师。正确答案是"√"。

16. 这句话说:"妈妈下星期来中国。"也就是说,妈妈现在还没来中国,也没有住在宾馆。正确答案是"×"。

17. 这句话说:"今天是周末,孩子去爷爷奶奶家玩儿了,我和丈夫没什么事,就去商店买东西……"没有提到他们经常去买东西。正确答案是"×"。

18. 这句话说:"用手机打电话时要注意:第一……第二……"也就是说,用手机时要注意一些问题。正确答案是"√"。

19. 这句话说:"北方有些城市下了特别大的雪……"但没有提到南方的城市有没有下雪。正确答案是"×"。

20. 这句话说:"爸爸最喜欢看体育节目……爸爸一点儿也不喜欢运动。"也就是说,爸爸喜欢看篮球比赛,但是不喜欢打篮球。正确答案是"×"。

第 三 部 分

21. 女的明天要搬家,问男的能不能来帮忙,男的说:"当然,你的忙我能不帮吗?"这是个反问句,表达肯定的意思,也就是说,男的明天愿意来帮忙。正确答案是A。

22. 女的说:"我以为今天是星期五呢,起床才发现昨天是星期五。"也就是说今天星期六。正确答案是B。

23. 女的说:"地图上看着那么近,怎么开了三十分钟还没到?"也就是说,女的觉得那个地方开了很长时间都没到,比较远。正确答案是C。

24. 男的说:"老张的钱你今天还给他了吗?"女的说老张今天没来上班,明天还给他钱。也就是说,女的明天要还老张钱。正确答案是B。

25. 女的问男的:"你每个星期都去爬山吗?"男的说:"是的,我和孩子一起去,爬山是他最大的爱好。"也就是说,男的每个星期都去爬山是因为他的孩子喜欢爬山。正确答案是A。

26. 男的说:"我要的面条儿做好了吗?"女的说:"今天客人比较多。"由此可知,男的正在饭店等着吃饭。正确答案是C。

27. 可以自己换节目,还可以看足球比赛,说明他们在看电视。正确答案是A。

28. 女的觉得这样解决问题不错,但是必须经过经理同意。也就是说,经理才能做决定。正确答案是C。

29. 女的想买伞,男的说:"这么大的雨,有伞也没用,还是等等吧。"也就是说,男的觉得不用买伞。正确答案是B。

30. 男的说现在已经七点三刻了，女的说开车不到十分钟就能到公司，五分钟以后再出门。也就是说，女的八点左右可以到公司。正确答案是 C。

第 四 部 分

31. 男的说："这个办公室是你的，左边是经理办公室，右边是会议室。"也就是说，女的办公室在经理办公室和会议室的中间。正确答案是 C。

32. 女的说："我真的很想去那儿学画画儿。"也就是说，女的想出国学习画画儿。正确答案是 B。

33. 女的说："我半年没开了，开车水平又很差，有点儿不敢开了。"也就是说，因为女的很久没开车了，所以她不敢开。正确答案是 A。

34. 女的牙疼，男的说："来，坐到椅子上来，叔叔帮你检查一下。"也就是说，男的要帮女的检查牙，男的很可能是医生。正确答案是 B。

35. 女的说文文明天就要离开他们去别人家了，男的说不要难过，这是件高兴的事。由此可知，文文明天可能要结婚了。正确答案是 C。

36. 女的对男的说："我发现儿子数学成绩提高了很多。""儿子"前不加限定词时说明是双方共同的儿子，由此可知，他们很可能是夫妻关系。正确答案是 B。

37. 男的说："外面刮风了……别穿裙子了，小心感冒。"由此可知，外面天气有点儿冷。正确答案是 C。

38. 女的说："你怎么玩儿起游戏了?"这是个反问句，表达肯定的意思，也就是说，男的正在玩儿游戏。正确答案是 A。

39. 女的说她爷爷对新鲜的东西都很有兴趣。也就是说，女的爷爷是因为对电脑有兴趣才学习电脑的。正确答案是 C。

40. 男的说："这个周末我要去北京开会……别生气啊，当然是你更重要，下个周末我一定去看你。"也就是说，男的下周有时间去见女的。正确答案是 B。

二、阅 读

第 一 部 分

41. 这句话说:"你别担心,他很好,只是最近有点儿忙。"这个句子的前后句应该跟一个人最近的情况有关。和它对应的句子是:"好久没有接到小雨的信了,不知道是不是出了什么事。"整句的意思是:因为很久没有接到小雨的信,所以很担心小雨,别人告诉他不用担心,小雨最近有点儿忙。正确答案是 B。

42. 这句话说:"老师在黑板上写了什么啊?"这个句子的前后句应该跟黑板上写什么有关。和它对应的句子是:"我的眼镜坏了,也看不清楚。"整句的意思是:"我"不知道老师在黑板上写了什么,另一个人的眼镜坏了,也看不清黑板上写了什么。正确答案是 C。

43. 这句话说:"没关系,我们送你到地铁站吧。"这个句子的前后句应该跟送人有关。和它对应的句子是:"叔叔阿姨,不用送了,你们回去吧。"整句的意思是:他要走了,叔叔阿姨要送他到地铁站。正确答案是 A。

44. 这句话说:"快睡觉的时候,他突然想起明天没有早饭。"这个句子的前后句应该跟吃的东西有关。和它对应的句子是:"所以下楼去附近的超市买了果汁和面包。"整句的意思是:睡觉的时候想起来明天早上没有吃的,就下楼去超市买了果汁和面包。正确答案是 F。

45. 这句话说:"不好意思,忘记了,你帮我关一下吧。"这个句子的前后句应该跟关的事物有关。和它对应的句子是:"洗手间的灯怎么没关呢?"整句的意思是:别人问他洗手间怎么没关灯,他想起来自己忘记关灯了。正确答案是 D。

46. 这句话说:"年轻的时候觉得时间太少,要做的事太多。"这个句子的前后句应该跟年龄和做的事情有关。和它对应的句子是:"老了以后发现时间真多,但没什么事要做了。"整句的意思是:年轻时觉得时间很少,但要做的事情很多,老了以后觉得时间多了,要做的事情没有了。正确答案是 B。

47. 这句话说:"我喜欢一边听音乐一边看书。"这个句子的前后句应该跟习惯有关。和它对应的句子是:"很多人认为这样的习惯不太好。"整句的意思是:他喜欢一边听音乐一边看书,但是很多人觉得那是一个坏习惯。正确答案是E。

48. 这句话说:"是啊,又累又渴又饿,我们休息一会儿吧。"这个句子的前后句应该跟正在进行的活动有关。和它对应的句子是:"好长时间没爬山了,累了吧。"整句的意思是:很久没有爬山了,所以爬山以后又累又渴又饿,想休息一会儿。正确答案是A。

49. 这句话说:"谁也听不出她是外国人。"这个句子的前后句应该跟语言有关。和它对应的句子是:"她的汉语说得像中国人一样好。"整句的意思是:她汉语说得很好,别人都听不出来她是外国人。正确答案是C。

50. 这句话说:"所以我一直对历史很有兴趣。"这个句子的前后句应该跟对历史有兴趣的原因有关。和它对应的句子是:"8岁以前我住在奶奶家里,她经常给我讲历史故事。"整句的意思是:8岁以前奶奶常常给"我"讲历史故事,所以现在"我"对历史很有兴趣。正确答案是D。

第二部分

51. "一"是数词,"饭"是名词,中间需要一个量词,选项中与饭相关的量词是"口"。正确答案是F。

52. 主语是代词"我","这件事不应该告诉她"是一个完整的句子做宾语,表示某种看法或意见,中间需要一个动词做谓语,选项中的动词"认为"常用来表示说话人的某种看法或意见。正确答案是A。

53. "小方"是主语,动词"学"做谓语,"在( )一位很有名的老师"做状语,这里需要一个介词引出"一位很有名的老师",选项中介词"跟"常用来引进动作的对象。正确答案是D。

54. "了"在句尾表示变化,需要一个名词来说明什么东西"坏了"。选项中"厨房"和"电梯"是名词,"我是走上来的,真累呀",由此可知,是电梯坏了,"我"才走上楼来的。正确答案是 C。

55. "在……里"表示地点,中间需要一个名词,选项中与饭菜相关的名词是"厨房",放在句中意思是:饭菜在厨房里,已经凉了,你热热再吃。正确答案是 B。

56. 量词"个"的后面需要一个名词,春、夏、秋、冬是四个季节,选项中与"春、夏、秋、冬"相关的名词是"季节"。正确答案是 F。

57. "十五次课没上就不能参加考试了"这样说的根据是"学校的要求","按照"表示"根据,依照"。正确答案是 A。

58. "我每天都要去(　　)她"是一个连动句,第一个动词是"去",这里需要第二个动词。选项中与"住院"和人相关的动词是"照顾",放在句中意思是:妈妈生病住院了,我每天要去医院照顾她。正确答案是 E。

59. "用"是介词,"用"的后面需要一个名词,表示吃饭的方式。选项中与"吃饭"相关的名词是"筷子",放在句子中意思是:你会不会用筷子吃饭?正确答案是 B。

60. "这"是代词,"鞋"是名词,中间需要一个量词,选项中与"鞋"相关的量词是"双"。正确答案是 C。

第 三 部 分

61. 这段话说:"……楼下的饭店换了新菜单……下去吃吧。"也就是说,说话人希望今天去饭店吃。正确答案是 B。

62. 这段话说:"丈夫喜欢踢足球,也喜欢看足球比赛……"后面两个小句都是为了说明喜欢看足球比赛的程度,也就是说,丈夫很喜欢看足球赛。正确的答案是 C。

63. 这段话说："妈妈工作很忙，身体也不好，他早就学会了照顾妈妈。"也就是说，他会照顾人。正确答案是 C。

64. 这段话说东西方文化有很多不同的地方。如果有人说你写字写得很漂亮，东方人会说："哪里，哪里。"西方人会说："谢谢！"说"谢谢"是肯定对方的说法，即承认字写得漂亮，东方人不同，说"哪里哪里"是表示否定对方的说法，也就是自己觉得字写得不太漂亮，以此表达谦虚。正确答案是 A。

65. 这段话说："半年里我搬了三次家，因为只要邻居家有一点儿声音我就睡不着觉。"也就是说，"我"喜欢安静的环境。正确答案是 B。

66. 这段话说："他送过我很多礼物……我最喜欢的就是这个黄色的包。"也就是说，"我"最喜欢的礼物是一个包。正确答案是 A。

67. 这段话说："选择什么人做朋友对我们有很大的影响。跟好人在一起你会变得更好，跟不好的人在一起，可能你会变得跟他们一样。"由此可知，不同的朋友会给我们造成不同的影响，所以选择朋友很重要。正确答案是 C。

68. 这段话说："在这个城市……你只要花两块钱就可以坐上去看看这个漂亮得像花园一样的城市……"也就是说，这个城市很漂亮。正确答案是 B。

69. 这段话说："马休……你相信我，这件事也一定会有解决的办法的。"也就是说，"我"希望马休不要着急，"我"会找到解决问题的办法。正确答案是 A。

70. 这段话说："那个公园离我家只有三百多米远，环境不错……草地很大，孩子们可以在那儿踢足球。"也就是说，那个公园离"我"家很近，环境很好，孩子们可以在大草地上踢足球。正确答案是 A。

三、书 写

第一部分

71. 这句话的主语是名词"明天",谓语是动词"完成",能愿动词"能"放在动词的前面,副词"一定"做状语应放在"能"前面。正确答案是"明天一定能完成"。

72. 这句话的主语是代词"你",谓语是动词"买",宾语是名词"机票"。"别"放动词前面,表否定。副词"先"放在主语后面做状语。正确答案是"你先别买机票"。也可以把"机票"作为主语,组成主谓谓语句"机票你先别买"。

73. 这句话的主语是名词"弟弟",谓语是动词"玩儿",宾语是名词"游戏",组成句子"弟弟玩儿游戏"。能愿动词"爱"修饰"玩儿",组成"爱玩儿游戏"。副词"特别"做状语应放在谓语"爱玩儿"的前面。正确答案是"弟弟特别爱玩儿游戏"。

74. 这句话的主语是代词"他",谓语是动词"忘记了",宾语是"这个人","几乎"做状语,放在"忘记了"前面。正确答案是"他几乎忘记了这个人"。也可以把"这个人"作为主语,"他"作为宾语,组成"这个人几乎忘记了他"。还可以把"这个人"做主语,组成主谓谓语句"这个人他几乎忘记了"。但不能说"他这个人几乎忘记了",这是个歧义句。

75. 这句话中有"被",是"被"字句,结构是"主语+被+宾语+谓语动词+其他成分"。主语是"字典",谓语动词是"借走",组成句子"字典被借走"。"我的"可以修饰"字典"或"朋友",组成"我的字典"或者"我的朋友",所以"被"的宾语是"朋友"或者"我的朋友"。"了"放在句尾表示变化。正确答案是"我的字典被朋友借走了/字典被我的朋友借走了"。

HSK（三级）全真模拟试题（第9套）题解

一、听　力

第一部分

1. 女的说："你看，外边草都绿了，春天真的来了。"说明女的是在房间里。男的也觉得这种天气如果不上班就好了，说明现在是上班时间，男的和女的在公司聊天。图片 C 是一男一女在窗边聊天。正确答案是 C。

2. 男的说："菜单上的这些菜看起来都不错，你想要点儿什么?"女的说除了面条儿她什么都吃。说明两个人正在点菜。图片 F 中是一张菜单。正确答案是 F。

3. 女的问："黑板上这些词语怎么用你们都明白了吗?"说明女的可能是老师。图片 E 中有一位老师正在上课。正确答案是 E。

4. 女的说："请把您的护照给我看一下。"图片 B 中有一本护照。正确答案是 B。

5. 女的问："你复习好了吗?"男的说："还有这么多呢，真担心复习不完。"图片 A 中一个男孩儿面前有很多书。正确答案是 A。

6. 男的说："我的腿好多了，现在没那么疼了。"图片 E 是一个人躺在病床上。正确答案是 E。

7. 女的让男的去吃饭，男的说："等我一会儿，我看完这个电子邮件。"图片 A 是一个男人坐在电脑前。正确答案是 A。

8. 女的说："我还是第一次在飞机上看日出呢，真漂亮啊!"图片 B 是一张日出的照片。正确答案是 B。

9. 女的问："你看，这双鞋怎么样?"图片 D 是一双女鞋。正确答案是 D。

10. 男的问女的瘦了那么多的原因，女的说她每天跑步，跑了一年多，瘦了二十公斤。图片 C 是一个女人的裤子肥了很多，说明她瘦了很多。正确答案是 C。

第二部分

11. 这句话说："妈妈，你讲完故事后我可以自己睡，但是你不要关灯好吗？我害怕。"也就是说，他害怕关灯，不想关灯睡觉。正确答案是"×"。

12. 这句话说："他的普通话说得好极了……还以为他是中国人呢。""以为"表示主观上认为，事实可能是否定的，也就是说，他不是中国人。正确答案是"√"。

13. 这句话说："我要先去银行，然后才能跟你去超市……"也就是说，"我"不是不想去超市，只是要先去银行再去超市。正确答案是"×"。

14. 这句话说："上海的房子越来越贵了……我们还是让小刚回南京来工作吧。"也就是说，小刚现在在上海工作。正确答案是"√"。

15. 这句话说："又漂亮又可爱当然是最好的，但是如果只能选择一个，我希望以后的女朋友是个可爱的女孩儿。"也就是说，可爱比漂亮更重要。正确答案是"×"。

16. 这句话说："他们公司最近忙得很，他几乎都没时间睡觉，能不瘦吗？"也就是说，他最近太忙，所以瘦了很多。正确答案是"×"。

17. 这句话说："很多人已经习惯了出门坐车、上楼坐电梯，但其实这样对身体是不好的，如果有时间还是应该多走路。"也就是说，多走路对身体好。正确答案是"√"。

18. 这句话说："他的耳朵从小就听不到声音……他的妈妈每天教他，让他练习说话，经过几年的努力，他终于会说话了。"也就是说，他现在会说话。正确答案是"√"。

19. 这句话说："在中国，南方人喜欢吃米饭，北方人喜欢吃面条儿。我以前就经常吃面条儿……"也就是说，"我"可能是北方人。正确答案是"×"。

20. 这句话说："老张……山上风大，你要不要拿件衬衫？再带点儿面包和果汁吧，如果饿了，可以吃点儿。"也就是说，老张要去爬山。正确答案是"√"。

第 三 部 分

21. 女的说："已经十一点了，你怎么还在玩儿游戏？"意思是说已经太晚了，不应该再玩儿游戏了，应该休息了。正确答案是 A。

22. 男的问女的怎么还没来学校，女的说："我可能要迟到一会儿。"也就是说，女的要再过一会儿才去学校。正确答案是 C。

23. 女的问爸爸熊猫会不会爬树，男的说："爸爸明天带你去看看。"也就是说，他们明天要去动物园看真的熊猫。正确答案是 C。

24. 女的说："街上车那么多，我不太敢开。"正确答案是 B。

25. 男的说："我今天吃了早饭，医生让我明早别吃饭去检查。"也就是说，男的今天没检查，明天不吃饭再去医院检查。正确答案是 A。

26. 女的说："这还不是为了你们好吗？我认为他不错。"也就是说，女的觉得王老师不错，是个好老师。正确答案是 A。

27. 女的说："快把衣服拿进来吧。"男的说："我看报纸了，今天没有雨。"也就是说，男的认为今天不会下雨，不用把衣服拿进来。正确答案是 C。

28. 男的说："请问去哪儿？"女的说去机场。男的可以送女的去机场，也就是说，男的可能是一个出租车司机。正确答案是 B。

29. 女的说："有无糖面包吗？"也就是说，女的想买无糖面包。正确答案是 B。

30. 男的说："你看，中间这个人是我，左边是爷爷。"女的说："你右边这个是奶奶吧，她那时真年轻啊。"可以看到人以前的样子，由此可知，他们可能正在看以前的照片。正确答案是 A。

第 四 部 分

31. 男的说他是第一次来中国，并且说他们国家有的地方也用筷子。由此可知，男的不是中国人。正确答案是 A。

32. 男的说："只要他对你好，爸爸就同意你们结婚。"由此可知，女的和李可是男女朋友关系。正确答案是 C。

33. 女的说："五块钱一斤……超市要卖六块呢。"男的向女的买葡萄，应该是五块一斤。后面说"四斤一共二十块"，也可以推知，五块一斤。正确答案是 B。

34. 男的问小明考试成绩不好的原因，女的说："他虽然聪明，但是不太认真。"也就是说，小明因为不认真所以成绩不好。正确答案是 A。

35. 男的说："药的主要作用是让你安静。"也就是说，这种药的作用使人安静。正确答案是 B。

36. 女的说："快去洗手，十分钟后就开饭了。"也就是说，女的让男的去洗手，然后吃饭。正确答案是 B。

37. 男的认为女的刚洗了头发不要出去，女的说："我去一下公司。"正确答案是 A。

38. 男的说："我六点半就来了，等了半个小时。"也就是说，现在可能七点了。正确答案是 C。

39. 男的正在找女的，女的说："我在超市门口等你。"也就是说，男的要去超市找女的。正确答案是 A。

40. 女的说："这个节目真没意思，换一个吧。"男的不想换，因为足球比赛马上就开始了。也就是说，他们正在看电视。正确答案是 C。

二、阅 读

第 一 部 分

41. 这句话说:"叔叔阿姨给你介绍的男朋友怎么样?"这个句子的前后句应该跟那个"男朋友"有关。和它对应的句子是:"除了有点儿矮,其他都很好。"整句的意思是:别人问她给她介绍的男朋友怎么样,她说那个男的有点儿矮,其他都很好。正确答案是 C。

42. 这句话说:"谢谢,这么大的冰箱,我们两个还真搬不了。"这个句子的前后句应该跟帮助别人有关。和它对应的句子是:"需要我帮忙吗?"整句的意思是:别人问他们是否需要帮忙,他们说需要,因为冰箱太大他们搬不了。正确答案是 F。

43. 这句话说:"你把字典放哪儿了?"这个句子的前后句应该跟东西在哪儿有关。和它对应的句子是:"被张文借走了,他说明天还回来。"整句的意思是:别人问他字典在哪儿,他说字典被张文借走了,明天还回来。正确答案是 B。

44. 这句话说:"我知道了,但是说起来容易做起来难。"这个句子的前后句应该跟做什么事情有关。和它对应的句子是:"你这次又没考好,下次考试时认真一点儿。"整句的意思是:他考试又没有考好,别人让他下次认真一点儿,他说认真这件事说起来容易,要做到很难。正确答案是 A。

45. 这句话说:"用了十多年了,太旧了,应该换个新的了。"这个句子的前后句应该跟用了的东西有关。和它对应的句子是:"你们办公室的空调怎么了?声音这么大。"整句的意思是:办公室的空调声音很大,他说空调用了十多年了,太旧了,应该换个新的了。正确答案是 D。

46. 这句话说:"你怎么哭了,身体不舒服吗?"这个句子的前后句应该跟哭的原因有关。和它对应的句子是:"没有,只是想起了过去的朋友,有点儿难过。"整句的意思是:她哭的原因是因为想起了以前的朋友,心里有点儿难过。正确答案是 B。

47. 这句话说:"离我家不远有个小公园,环境不错。"这个句子的前后句应该跟地点或在这个地点做的事情有关。和它对应的句子是:"你们家附近有锻炼身体的地方吗?"整句的意思是:别人问他家附近有什么地方可以锻炼身体,他说附近有一个小公园。正确答案是C。

48. 这句话说:"知道了,您就放心吧,我会常写信的。"这个句子的前后句应该跟离开家人有关。和它对应的句子是:"注意天气变化,照顾好自己的身体。"整句的意思是:家人告诉他要照顾好自己,他说放心,他会常常给家里写信。正确答案是E。

49. 这句话说:"爷爷奶奶坐地铁来吗?"这个句子的前后句应该跟来的方式有关。和它对应的句子是:"他们腿脚不方便,你还是开车去接一下吧。"整句的意思是:他问爷爷奶奶怎么来,别人回答说爷爷奶奶腿脚不方便,让他开车去接。正确答案是D。

50. 这句话说:"我以前学过跳舞,我也想参加这次表演。"这个句子的前后句应该跟参加表演有关。和它对应的句子是:"如果你愿意参加我们当然欢迎。"整句的意思是:"我"以前学习过舞蹈,想参加这次表演,别人说欢迎"我"参加。正确答案是A。

第二部分

51. 主语是代词"我",句子中间缺少一个形容词或动词做谓语。后面问"什么时候才能吃晚饭",也就是说他饿了。正确答案是F。

52. "别的"后面需要一个名词,"我们只能这样做",说明我们没有别的方法了。选项中的"选择"可以做名词,放在句中意思是:没有别的选择。正确答案是A。

53. "把"在这个句子中是量词,后面需要一个名词,"今天可能有雨",说明这个名词应该和"雨"有关,选项中和"雨"有关的名词是"伞"。正确答案是D。

54. 根据句意,"前面有一辆大车",所以冬冬要注意。选项中形容词"小心"放在句中符合句意。正确答案是 C。

55. 句子要强调的是做蛋糕没有别人帮忙,是"我"一个人做的,代词"自己"可以放在代词"我"的后面,加以强调。正确答案是 B。

56. B 说爸爸教会他做一个快乐健康的人,爸爸对他的影响最大。"对……影响最/很 + 大/小"是常用的结构。正确答案是 E。

57. 对于买房子来说"环境好"和"很便宜"是一种递进或并列的关系,这句话中需要一个连词,表示递进或并列关系。选项中"而且"是表示递进关系的连词。正确答案是 F。

58. "刚才"是表示时间的名词,符合句意。正确答案是 A。

59. "别 + 动词/形容词"表示让别人不要做什么。选项中"难过"是形容词,符合句意。正确答案是 C。

60. 代词"这"是主语,"你现在长高了"是主谓短语做宾语,这句话需要一个动词做谓语,裤子变短说明他长高了。选项中动词"表示"符合句意。正确答案是 B。

第 三 部 分

61. 这段话说:"电脑出了多大问题我都能解决……我帮你看看。"由此可知,"我"正在帮助别人解决电脑的问题。正确答案是 C。

62. 这段话说:"在超市里买东西,如果花了 58.63 元,最后的这三分钱超市里一般都不收。"也就是说,在超市里买东西不用给几分的零钱。正确答案是 C。

63. 这段话说:"外面突然下雨了,我虽然带了伞,但是雨太大了,打伞也没用。"由此可知,今天雨下得非常大。正确答案是 A。

64. 这段话说:"……在大城市,想买什么都买得到,想去哪儿都很方便……"由此可知,大城市很方便。正确答案是 B。

65. 这段话说:"很多人为了方便只喝果汁,不爱吃水果,其实吃水果对身体更好。"由此可知,吃水果比喝果汁更健康。正确答案是 A。

66. 这段话说:"小刘……是不是工作没完成,被经理说了?"也就是说,小刘可能被经理批评工作没完成,所以生气了。"说"有批评的意思,"鼻子不是鼻子,脸不是脸"是一句俗语,意思是脸色难看,形容生气。正确答案是 B。

67. 这段话说:"如果你没有别人聪明,就要比别人多花时间,才会有相同的成绩。"也就是说,努力很重要。正确答案是 C。

68. 这段话说:"爷爷……每天先骑两个小时自行车,然后在公园或者家附近走一个小时……特别喜欢玩儿游戏。"也就是说,爷爷很喜欢锻炼身体。"在公园或者家附近","或者"表示选择关系,也就是说可能在公园,也可能在家,因此不是每天去公园。正确答案是 B。

69. 这段话说:"洗澡的时候要注意,饿着肚子不要洗澡,吃饱饭后也不要马上洗,应该等半个小时后洗。"也就是说,吃完饭半小时后再洗澡。正确答案是 C。

70. 这段话说:"有了电脑以后,人们可以在家工作、上网、玩儿游戏……如果没有了电脑,很多人都觉得在家里不知道该做什么了。"工作、上网、玩儿游戏都是电脑的作用,由此可知,这段话主要讲的是电脑的作用。正确答案是 A。

三、书 写

第 一 部 分

71. 这句话是祈使句,"不要"放在句首。后面是连动结构,第一个动词是"用",宾语是名词"铅笔",组成"用铅笔",第二个动词是"写",宾语是"字"。第一个动词短语是第二个动词短语的方式。正确答案是"不要用铅笔写字"。

72. 这句话是一个兼语句,句子的主语是"这件事","使"是第一个动词,宾语是名词"人",同时"人"是第二个动词"生气"的主语,副词"太"做状语应放在动词"使"前。正确答案是"这件事太使人生气了"。

73. 这句话有"被",是"被"字句,结构是"主语+被+宾语+谓语动词+其他成分",名词"面条儿"是主语,"弟弟"是宾语,动词是"吃","完了"是其他成分。正确答案是"面条儿被弟弟吃完了"。

74. 这句话的主语是代词"他们",谓语是"带了",宾语是名词"行李箱",组成句子"他们带了行李箱"。副词"一共"做状语应放在动词"带"的前面,数量词"两个"做定语应放在名词"行李箱"的前面。正确答案是"他们一共带了两个行李箱"。

75. 这句话的主语是代词"你",谓语是动词"喝",宾语是名词"啤酒",组成句子"你喝啤酒"。副词"不"否定能愿动词"应该"组成"不应该"修饰动词"喝",代词"这么"放在形容词"多"前面,组成"这么多"做定语修饰名词"啤酒"。正确答案是"你不应该喝这么多啤酒"。

HSK（三级）全真模拟试题（第10套）题解

一、听 力

第 一 部 分

1. 男的说："下次注意看路，不要一边走路一边听音乐了。"图片A是一个女孩儿在听音乐。正确答案是A。

2. 男的说："阿姨，小妹妹太可爱了！"女的说："等她长大了你带她一起玩儿，好不好？"说明小妹妹还很小，图片F中有一个很小的女孩儿。正确答案是F。

3. 男的说："你在这上边找找看，你们的国家在哪儿。"图片E是一个男孩儿手里拿着一个地球仪。正确答案是E。

4. 男的说："好久没骑自行车了……"图片B是一个男人扶着一辆自行车。正确答案是B。

5. 女的说："这么热的天真不应该出来游泳。"图片C是一个男孩儿和一个女孩儿在游泳。正确答案是C。

6. 男的说："你别难过了，工作没有了可以再找啊。"图片A是一个女的在打电话，很难过的样子。正确答案是A。

7. 女的问："爷爷，这个故事是真的吗？"男的回答："当然是真的，那个时候电视还很少见呢。"说明男的正在给女的讲故事，图片B是一位老人拿着一本书给一个女孩儿讲故事。正确答案是B。

8. 男的问："你又换了一辆新车？"图片E是一个女的坐在车里。正确答案是E。

9. 女的说："你看，小猫在干什么呢？"图片C中一只小猫正趴在鱼缸上。正确答案是C。

10. 男的问女的饭好了没有，女的说："马上就做好了，你先吃个香蕉吧。"图片 D 是香蕉。正确答案是 D。

第 二 部 分

11. 这句话说："我去北京开会，要经过上海，所以打算去看一下多年不见的老朋友。"意思是说途经上海时顺便去看朋友，朋友应该在上海。正确答案是"√"。

12. 这句话说："这个孩子，我们讲话他总是'左耳朵进，右耳朵出'……""左耳朵进，右耳朵出"是一句俗语，意思是别人说自己的话刚说完就忘了，没放在心上，也就是说，这个孩子不听他们的话，而不是耳朵不舒服。正确答案是"×"。

13. 这句话说："经理打算把大会议室搬到二楼，大家的办公室换到三楼。"也就是说，会议室要搬到二楼，办公室要搬到三楼。正确答案是"×"。

14. 这句话说："我跟她做邻居快十年了……我觉得她就像我的家人一样。"也就是说，"我"跟邻居关系很好。正确答案是"√"。

15. 这句话说："老王，你别老在家看电视玩儿游戏……"也就是说，老王经常待在家里不出去，不喜欢锻炼身体。正确答案是"×"。

16. 这句话说："生气有用吗？对解决问题一点儿帮助也没有。"也就是说，生气不能解决问题，所以不应该生气。正确答案是"√"。

17. 这句话说："在红绿灯那儿就有一家很大的中国银行。"也就是说，银行在红绿灯的旁边。正确答案是"√"。

18. 这句话说："我们结婚四五年了……"正确答案是"×"。

19. 这句话说："每次都是这样。"也就是说，女朋友每次都迟到，不是第一次迟到了。正确答案是"×"。

20. 这句话说:"冰箱里有果汁,帮我拿一下……"也就是说,果汁在冰箱里。正确答案是"√"。

第 三 部 分

21. 女的问男的今天是什么节日,男的说:"九月十号是老师的节日。"由此可知,今天是老师的节日。正确答案是C。

22. 女的说:"天气太热了,长头发不舒服。"也就是说,现在可能是夏天。正确答案是B。

23. 女的问男的妈妈怎么还没出来,男的说:"正在等行李箱呢。"也就是说,妈妈因为在等行李箱,所以现在还没有出机场。正确答案是B。

24. 男的说:"服务员,再拿两杯啤酒。"由此可知,他们很可能在饭店。正确答案是A。

25. 男的说:"这么多啊,真想不到不爱说话的爸爸能写这么长的信。"也就是说,爸爸写过很多信给妈妈。正确答案是C。

26. 女的说小王最近没有给她打电话,电子邮件也没有,他不会有什么事吧?也就是说,女的现在很担心小王,怕他出事。正确答案是A。

27. 女的让男的出去走走,男的说:"天气是很好,但是我的工作还没完成呢。"也就是说,男的没有完成工作,所以不想出去。正确答案是B。

28. 男的说现在差一刻七点,女的说:"从这儿到火车站只要半个小时,我们过十分钟再走。"差一刻七点即六点四十五,过十分钟再走即六点五十五走。正确答案是C。

29. 男的说:"您今天在课上讲的几个句子,我还是不太明白。"由此可知,他们很可能是老师和学生的关系。正确答案是B。

30. 女的说:"主要还是我自己复习得不好。"正确答案是C。

第 四 部 分

31. 女的问男的想吃什么,男的说面条儿。正确答案是C。

32. 女的让男的不要开车打电话,男的说:"好吧,我听你的。"也就是说,男的开车时不打电话了。正确答案是B。

33. 男的说:"我会把一些钱送给那些需要钱的人。"也就是说,男的想用钱帮助别人。正确答案是B。

34. 女的说她想买一个照相机,男的说:"那你选一个喜欢的吧。"由此可知,他们可能正在商店里。正确答案是A。

35. 女的头疼,男的让女的不要去上班了,女的说公司太忙了,不能不去上班。也就是说,女的还要去上班。正确答案是C。

36. 男的说:"你来公司才一个星期,慢慢儿就会好的。"女的说:"以后你多教教我吧。"由此可知,他们是同事。正确答案是C。

37. 男的说:"我没你王阿姨做得好,你下次再来,让她给你做好吃的。"也就是说,王阿姨做饭做得最好。正确答案是A。

38. 女的说:"您快上来吧,大冬天的游了四十分钟,不冷吗?……"由此可知,男的刚才正在游泳。正确答案是B。

39. 女的说:"这辆车现在才三百五,比以前便宜了一百五呢。"也就是说,这辆车以前卖五百块。正确答案是C。

40. 女的让男的把空调开小点儿,说:"我觉得有点儿冷。……真不好意思,这么热的天,主要是我感冒了。"由此可知,现在是夏天。正确答案是A。

二、阅 读

第 一 部 分

41. 这句话说:"为了解决环境问题,人们想了很多办法。"这个句子的前后句应该跟环境有关,和它对应的句子是:"现在的城市里河不干净,树不绿,小鸟也没有了。"整句的意思是:现在城市的环境很不好,人们为了解决这个问题,已经想了很多办法。正确答案是 D。

42. 这句话说:"我真不喜欢这个季节。"这个句子的前后句应该跟某个季节有关。和它对应的句子是:"秋天要过去了,马上就到冬天了。"整句的意思是:"我"不喜欢秋天,秋天要过去了,冬天马上要来了。正确答案是 C。

43. 这句话说:"他很聪明,学习成绩一直不错。"这个句子的前后句应该跟"他",即某个人有关。和它对应的句子是:"我姐姐的孩子 7 岁,已经上一年级了。"整句的意思是:"我"姐姐有一个 7 岁的孩子,已经上一年级了,他很聪明,成绩很好。正确答案是 F。

44. 这句话说:"你帮我洗几个盘子和碗吧。"这个句子的前后句应该跟帮忙有关。和它对应的句子是:"你在做饭啊,需要我帮忙吗?"整句的意思是:别人问需要帮忙吗?"我"说帮"我"洗几个盘子和碗吧。正确答案是 B。

45. 这句话说:"除了画画儿,她还喜欢唱歌、跳舞。"这个句子的前后句应该跟兴趣爱好有关。和它对应的句子是:"她有很多爱好。"整句的意思是:她有很多的爱好,画画儿、唱歌、跳舞等等。正确答案是 A。

46. 这句话说:"但是说话一快,同事们还是会听不懂。"这个句子的前后句应该跟说话有关。和它对应的句子是:"虽然跟以前比,我的普通话讲得好多了。"整句的意思是:以前"我"的普通话不好,现在好多了,但是说话一快别人还是听不懂。正确答案是 A。

47. 这句话说:"我不习惯在那儿看书,只是去借书、还书。"这个句子的前后句应该跟地点有关。和它对应的句子是:"我经常去图书馆看书,因为那儿比较安静。"整句的意思是:"我"喜欢去安静的图书馆看书,而他不习惯在图书馆看书,只是去借书、还书。正确答案是C。

48. 这句话说:"真对不起,我马上关了它。"这个句子的前后句应该跟一件事情有关。和它对应的句子是:"音乐声音能小一点儿吗?你这样会影响别人的。"整句的意思是:他的音乐声音很大,影响了别人,别人希望他关小一点儿。正确答案是D。

49. 这句话说:"我还没完成作业呢,爸爸一定不会让我去的。"这个句子的前后句应该跟去哪儿有关。和它对应的句子是:"听说动物园新来了熊猫,你要不要去看看?"整句的意思是:动物园来了熊猫,别人问"我"要不要去,"我"说作业还没写完,爸爸不会让"我"去的。正确答案是E。

50. 这句话说:"这两条裤子哪条是我的?"这个句子的前后句应该跟裤子有关。和它对应的句子是:"我比你矮,短的那条是我的。"整句的意思是:两条裤子一长一短,分别是两个人的。正确答案是B。

第 二 部 分

51. 根据句意,这个人想变瘦连健康都不要了,选项中"为了"表示目的。正确答案是F。

52. "怎么能跟他结婚呢"表示否定,也就是说他们两个人互相知道得还不是很清楚,所以不能结婚。选项中动词"了解"符合句意。正确答案是C。

53. 这个句子需要一个动词做谓语,选项中与名词"比赛"搭配的动词是"举行"。正确答案是D。

54. 副词"很"后面需要一个动词或者形容词。选项中只有一个形容词"方便",放在句中的意思是:不用来接"我","我"自己坐地铁回去很方便。正确答案是A。

55. "什么"是疑问代词，动词"表演"后面需要一个名词做宾语，选项中与"表演"搭配的名词是"节目"。正确答案是 B。

56. 代词"我"是主语，"可能"是能愿动词，"糖"是名词，"放"是动词，"放得太多了"是一个动补结构，由此推测这是一个"把"字句。正确答案是 F。

57. 动词"有"后面需要一个名词做宾语，选项中"机会"和"爱好"都是名词。A 对中国历史文化感兴趣，B 建议 A 去中国学习几年，也就是说如果有机会去中国，应该在中国学习历史文化。正确答案是 A。

58. "真"是副词，后面常接形容词或动词，这个句子的主语是"葡萄"，选项中与"葡萄"相关的形容词是"新鲜"。正确答案是 C。

59. 代词"我"是主语，"你忘记我的生日了"是主谓句做宾语，中间需要一个动词做整个句子的谓语，选项中"以为"是动词。放在句中的意思是"我以为你忘记了我的生日，没想到你还记得"。正确答案是 E。

60. "十"是数词，后面需要一个量词，选项中和时间有关的量词是"分"。正确答案是 B。

第 三 部 分

61. 这段话说："这个城市的秋天特别漂亮，但时间也很短，所以几乎没有穿衬衫的时间。"也就是说，在这个城市秋天不太需要衬衫。正确答案是 C。

62. 这段话说："世界上每一个人都是不一样的，没有相同的两个人，所以不能要求你的丈夫或者妻子跟你的兴趣、爱好一样。"也就是说，夫妻两个人可能爱好不同。正确答案是 B。

63. 这段话提到了做菜和洗盘子、碗筷。由此可知，他们正在做饭。正确答案是 A。

64. 这段话说:"路在人的脚下,……没有什么问题是不能解决的。"也就是说,只要努力所有问题都可以解决。正确答案是 B。

65. 这段话先提到如何选择裙子,又说:"我们店最近新进了一些裤子,很漂亮,您要不要试试?"由此可知,他们现在可能在商店里买衣服。正确答案是 C。

66. 这段话说:"这是我和你爷爷结婚时的照片,你不知道,那时候只有黑白照片,那可是我第一次照相……"由此可知,那张结婚照是她的第一张照片。正确答案是 C。

67. 这段话说:"我不想再借钱买车了。"也就是说,说话人不想借钱。正确答案是 A。

68. 这段话说:"我们对这家宾馆非常满意……最重要的是很便宜……"也就是说,对宾馆最满意的是价钱便宜。正确答案是 B。

69. 这段话说:"特别是节日在周末,这是大饭店最忙的时候,很多家都有好几对结婚的年轻人。"也就是说,大饭店最忙的时候是节日在周末。正确答案是 C。

70. 这段话说:"小时候爱听故事的孩子长大后就会喜欢看书、学习。"也就是说,孩子多听故事好。正确答案是 B。

三、书 写

第一部分

71. 这句话的主语是名词"会议",谓语是动词"结束","了"放在句尾表示变化,副词"终于"做状语修饰动词"结束"。正确答案是"会议终于结束了"。

72. 这句话的主语是名词"孩子",谓语是形容词"可爱",代词"这些"做定语修饰"孩子",副词"多么"做状语修饰形容词"可爱",语气助词"啊"放在句末。正确答案是"这些孩子多么可爱啊"。

73. 这句话是一个比较句,结构是"A + 没有 + B + 这么(那么)+ 形容词"。A 是名词"夏天","北方的"做定语应放在"夏天"的前面,B 是"南方"。正确答案是"北方的夏天没有南方那么热"。

74. 这句话的主语是"大城市","中国的"做定语应放在"大城市"的前面,这句话的谓语是一个主谓短语,代词"我"是这个主谓短语的主语,"去过"是这个主谓短语的谓语,副词"几乎"放在"都"的前面,"几乎都"做状语放在这个主谓短语的主语前。正确答案是"中国的大城市我几乎都去过"。也可以把"我"作为主语,组成主谓谓语句"我中国的大城市几乎都去过"。

75. 这句话中代词"我"是主语,谓语是动词"了解","不太"做状语应放在动词"了解"的前面,介词"关于"的宾语是名词"历史",组成介宾短语放在句首引出要说的事情,"这段"做定语应放在"历史"的前面。正确答案是"关于这段历史,我不太了解"。

北大版新**HSK**应试辅导丛书

Papers with Solutions

SAMPLE TEST FOR 走进

NEW HSK

新 汉语水平考试

全真模拟试题及题解

夏小芸 刘影 沈灿淑 王建强 编著

北京大学出版社
PEKING UNIVERSITY PRESS

图书在版编目（CIP）数据

走进 NEW HSK. 新汉语水平考试全真模拟试题及题解. 三级/夏小芸，刘影，沈灿淑等编著. —北京：北京大学出版社，2014.6
（北大版新 HSK 应试辅导丛书）
ISBN 978-7-301-22876-0

Ⅰ. ①走… Ⅱ. ①夏… ②刘… ③沈… Ⅲ. ①汉语—对外汉语教学—水平考试—题解 Ⅳ. ①H195-44

中国版本图书馆 CIP 数据核字（2013）第 164973 号

书　　　　名：走进 NEW HSK：新汉语水平考试全真模拟试题及题解　三级
著作责任者：夏小芸　刘　影　沈灿淑　王建强　编著
责 任 编 辑：欧慧英
标 准 书 号：ISBN 978-7-301-22876-0/H·3348
出 版 发 行：北京大学出版社
地　　　　址：北京市海淀区成府路 205 号　100871
网　　　　址：http://www.pup.cn　新浪官方微博：@北京大学出版社
电 子 信 箱：zpup@pup.cn
电　　　　话：邮购部 62752015　发行部 62750672　出版部 62754962
　　　　　　　编辑部 62752028
印 刷 者：三河市博文印刷有限公司
经 销 者：新华书店
　　　　　　　787 毫米×1092 毫米　16 开本　23.25 印张　417 千字
　　　　　　　2014 年 6 月第 1 版　2019 年 9 月第 2 次印刷
定　　　　价：65.00 元（附 MP3 盘 1 张）

未经许可，不得以任何方式复制或抄袭本书之部分或全部内容。
版权所有，侵权必究
举报电话：010-62752024　电子信箱：fd@pup.pku.edu.cn

出版说明

由国家汉办组织研发的新汉语水平考试（HSK）是一项国际汉语能力标准化考试，自2009年在全球开始推广以来，受到各国汉语学习者的普遍欢迎。

然而，与原 HSK 比较，新 HSK 在设计理念与测试目的等方面都有很大不同。新 HSK 强调"考教结合""以考促教""以考促学"，注重以鼓励策略促使考生汉语能力的发展。

在等级设置与题目设计上，新 HSK 也与原 HSK 有明显差异。新 HSK 设置了笔试6个等级和口试3个等级，扩大了考试的覆盖面；在题目设计上更强调测试考生的实际语言运用能力，而非语言知识的掌握程度。

面对新的测试理念和新的题型，很多辅导教师，特别是习惯于原 HSK 以语言知识解析的方式讲解考题的教师，往往觉得新 HSK 辅导无从下手，新的题型无从讲起。同时，很多考生因不了解新 HSK 的题型特点，往往不知如何复习备考。

北京大学出版社自新 HSK 推出以来，始终关注并全力支持新 HSK 的发展，对新 HSK 的测试理论与实践进行了较为深入的研究与探讨，并在此基础上，组织新 HSK 研究者和一线教师研发出版了一系列的仿真模拟试卷和应试辅导教材，为辅导教师和广大考生提供了有益的帮助。

本次出版的这套《走进 NEW HSK：新汉语水平考试全真模拟试题及题解》共计9册：一级、二级和三级各1册，每册包括10套全真模拟试卷；四级、五级和六级各两册，每册包括5套全真模拟试卷。这套模拟试题主要有两大特点：其一是仿真程度高，严格遵循考试大纲并参照官方公布的考试真题设计；其二是题解注重实效，强调语言知识、应试技巧与答题思路的结合，从而为教师的辅导提供参考，更为考生复习备考指引门径。通过本套试题，考生不仅可以有效测试出现有水平，更能够提高汉语运用能力，并掌握复习备考的方法及应试策略。

北京大学出版社
汉语及语言学编辑部

新汉语水平考试
HSK（三级）
全真模拟试题
（第1套）

注　意

一、**HSK**（三级）分三部分：

　　1. 听力（40题，约35分钟）

　　2. 阅读（30题，30分钟）

　　3. 书写（10题，15分钟）

二、**听力结束后，有5分钟填写答题卡。**

三、全部考试约90分钟（含考生填写个人信息时间5分钟）。

中国　北京　　　　　　　　　××××/×××××× 　编制

一、听 力

第 一 部 分

第1—5题

A	[相机]	B	[火车]
C	[购物女士]	D	[打电话女士]
E	[锻炼男士]	F	[冰箱]

例如：男：喂，请问张经理在吗？

女：他正在开会，您半个小时以后再打，好吗？　　**D**

1. ☐

2. ☐

3. ☐

4. ☐

5. ☐

第 6—10 题

A

B

C

D

E

6. ☐

7. ☐

8. ☐

9. ☐

10. ☐

第 二 部 分

第 11—20 题

例如：为了让自己更健康，他每天都花一个小时去锻炼身体。

  ★ 他希望自己很健康。   （ √ ）

  今天我想早点儿回家。看了看手表，才5点。过了一会儿再看表，还是5点，我这才发现我的手表不走了。

  ★ 那块儿手表不是他的。   （ × ）

11. ★ "我"不喜欢踢足球。   （　）

12. ★ 她一直是个安静的人。   （　）

13. ★ 他们不关心自己的孩子。   （　）

14. ★ 旅游时说普通话很有用。   （　）

15. ★ 他已经回国了。   （　）

16. ★ 午饭多吃点儿对身体好。   （　）

17. ★ "我"觉得新闻工作很有意思。   （　）

18. ★ 他们结婚十年了。   （　）

19. ★ 小饭店离我们家很远。   （　）

20. ★ 客人买了个西瓜。   （　）

第 三 部 分

第21—30题

例如：男：小王，帮我开一下门，好吗？谢谢！

女：没问题。您去超市了？买了这么多东西。

问：男的想让小王做什么？

   A 开门 √   B 拿东西   C 去超市买东西

21. A 吃饭   B 等朋友   C 参加会议

22. A 四百块   B 四百二   C 五百块

23. A 花园很漂亮   B 以前就是这样   C 想带女的看北京

24. A 家里   B 车上   C 办公室

25. A 体育节目   B 历史节目   C 新闻节目

26. A 同事   B 老师   C 邻居

27. A 冬天到了   B 男的过生日   C 男的感冒了

28. A 六点五十五   B 七点   C 七点零五分

29. A 开车   B 走着去   C 坐地铁

30. A 没上课   B 没复习   C 字都忘了

第 四 部 分

第 31—40 题

例如：女：晚饭做好了，准备吃饭了。

男：等一会儿，比赛还有三分钟就结束了。

女：快点儿吧，菜冷了就不好吃了。

男：你先吃，我马上就看完了。

问：男的在做什么？

| A 洗澡 | B 吃饭 | C 看电视 ✓ |

31. A 打扫家里　　　　B 学习开车　　　　C 去接朋友

32. A 花园　　　　　　B 饭店　　　　　　C 公司

33. A 同事　　　　　　B 同学　　　　　　C 夫妻

34. A 鞋子　　　　　　B 裙子　　　　　　C 铅笔

35. A 身体不舒服　　　B 没看到奶奶　　　C 很难过

36. A 汽车　　　　　　B 火车　　　　　　C 轮船

37. A 经理　　　　　　B 客人　　　　　　C 服务员

38. A 检查电脑　　　　B 上网聊天　　　　C 回答问题

39. A 已经结婚了　　　B 有男朋友了　　　C 做事很认真

40. A 喜欢运动　　　　B 想一起走　　　　C 电梯坏了

— 5 —

二、阅 读

第 一 部 分

第41—45题

A 最近公司出现了很多问题。

B 那你什么时候给我们大家介绍介绍？

C 你准备表演什么节目？

D 没有，就是头有点儿疼，还不想吃东西。

E 当然。我们先坐公共汽车，然后换地铁。

F 真没想到，你的数学成绩提高得这么快！

例如：你知道怎么去那儿吗？　　　　　　　　　　　　　　　　（ E ）

41. 别人都唱歌，那我就给大家跳一段舞吧。　　　　　　　　　　（ ）

42. 我妈妈请了一个老师来教我。　　　　　　　　　　　　　　　（ ）

43. 我们应该在周末开个会。　　　　　　　　　　　　　　　　　（ ）

44. 中国的大城市，我几乎都去过。　　　　　　　　　　　　　　（ ）

45. 你除了发烧，有没有其他不舒服的地方？　　　　　　　　　　（ ）

第 46—50 题

A 他坐了一会儿就走了。

B 喝果汁不健康,还是吃西瓜吧。

C 是啊,明天一起去打篮球,怎么样?

D 我想去图书馆借书,你去吗?

E 她还在生我的气,怎么办呢?

46. 太好了,考试终于结束了! （ ）

47. 别着急,让我帮你想个好办法。 （ ）

48. 如果我早来几分钟就能见到他了! （ ）

49. 天气真热,冰箱里有果汁吗? （ ）

50. 现在才七点半,那儿还没开门呢。 （ ）

第 二 部 分

第51—55题

A 段　　B 别人　　C 相同　　D 游戏　　E 声音　　F 瘦

例如：她说话的（ E ）多好听啊！

51. 写完作业以后，他喜欢在房间里玩儿电脑（　　）。

52. 我们有（　　）的爱好，都对世界历史很有兴趣。

53. 他工作很忙，睡觉时间少，现在越来越（　　）了。

54. 这（　　）话虽然很短，但是说得非常明白。

55. 她特别热情，（　　）有事都愿意找她帮忙。

第 56—60 题

A 条　B 关于　C 甜　D 爱好　E 害怕　F 街道

例如：A：你有什么（ D ）？

　　　B：我喜欢体育。

56. A：别把灯关了，我有点儿（　　）。
　　B：你真有意思，想看又不敢看！

57. A：这（　　）鱼看起来不错，买吧。
　　B：今天晚上的菜已经很多了，明天再买吧。

58. A：你们这儿的（　　）打扫得真干净，还有很多花。
　　B：对啊，我们是有名的花园城市啊。

59. A：（　　）这件事，你还有什么要说的？
　　B：我已经说完了，请你一定要相信我！

60. A：这西瓜真（　　），谁买的啊？
　　B：我买的，喜欢就多吃点儿。

第 三 部 分

第 61—70 题

例如：您是来参加今天会议的吗？您来早了一点儿，现在才8点半。您先进来坐吧。

　　★ 会议最可能几点开始？

　　A 8点　　　　　　　B 8点半　　　　　　C 9点 √

61. 我是南方人，我喜欢吃米饭；我丈夫是北方人，他喜欢吃面条儿。所以我们家经常中午吃米饭，晚上吃面条儿，这样每个人的习惯都能照顾到。
    ★ 根据这段话，可以知道：
    A 丈夫是南方人　　　B 妻子喜欢吃面条儿　　C 他们习惯不一样

62. 现在手机可以上网，去哪儿都不用买地图了，你写个地方的名字，它就会告诉你怎么去那儿。
    ★ 现在的手机：
    A 带着地图　　　　　B 比较便宜　　　　　　C 能帮忙找地方

63. 这家店与别的商店不一样，卖的都是旧的东西，让人觉得时间回到了很久很久以前。
    ★ 这家店：
    A 很旧　　　　　　　B 很特别　　　　　　　C 开了很久

64. 以前南京的春天虽然短，但天气一般都很好。不像今年，一会儿刮风，一会儿下雨，已经好几天没见到太阳了，真奇怪。
    ★ 今年南京的春天怎么样？
    A 很短　　　　　　　B 天气不好　　　　　　C 天天出太阳

65. 你想瘦下来吗？吃药是没什么作用的，最重要的是要经常锻炼身体。常常运动，你一定会瘦下来，而且身体还很健康。
　　★ 想瘦一点儿：
　　A 要多运动　　　　　B 必须吃药　　　　　C 对健康不好

66. 每个国家都有自己的文化，我每年都要去外国旅游，就是想要了解这些不同的文化。
　　★ "我"去别的国家旅游是想：
　　A 休息休息　　　　　B 了解文化　　　　　C 换个环境

67. 我们都认为她不是现在这个世界的人，她不敢开汽车，可骑马骑得非常好；她不喜欢用电子邮件，只喜欢用纸写信。
　　★ 她这个人：
　　A 是外国人　　　　　B 骑车骑得好　　　　C 有点儿特别

68. 今年学校换了个新地方，草地更大了，每年一次的足球比赛也改成半年一次了。
　　★ 今年学校：
　　A 搬家了　　　　　　B 没草地了　　　　　C 不比赛了

69. 很多人工作一忙就忘记喝水了。其实，一天最少应该喝四到五杯水。不要等到口渴了再喝水，那时已经晚了。
　　★ 根据这段话，可以知道：
　　A 口渴再喝水　　　　B 要多喝水　　　　　C 晚上不要喝水

70. 如果我准备得更好一点，检查得更认真一点，我的成绩一定会比现在更好。
　　★ 这次考试成绩"我"：
　　A 没准备　　　　　　B 检查得很认真　　　C 有点儿不满意

三、书 写

第 一 部 分

第 71—75 题

例如：小船　　上　　一　　河　　条　　有

河上有一条小船。

71. 她　　好　　很　　一直　　的　　成绩

72. 球　　别　　你　　打　　了　　去

73. 吃　　快　　多　　他　　得　　啊

74. 干净　　终于　　衣服　　他　　洗　　了　　把

75. 公司　　这儿　　到　　多　　有　　远　　从

第 二 部 分

第 76—80 题

例如：没（ 关 ）系，别难过，高兴点儿。
　　　　　　guān

76. 我弟弟上三（　　）级。
　　　　　　　　nián

77. 我叔叔是一（　　）司机。
　　　　　　　　wèi

78. 多运动能提（　　）自己的体育成绩。
　　　　　　　gāo

79. 写作业时，电脑的作（　　）很大。
　　　　　　　　　　　yòng

80. 又是个雨天，看不到（　　）亮。
　　　　　　　　　　　yuè

新 汉 语 水 平 考 试
HSK（三级）答题卡

姓名		国籍	[0] [1] [2] [3] [4] [5] [6] [7] [8] [9] [0] [1] [2] [3] [4] [5] [6] [7] [8] [9] [0] [1] [2] [3] [4] [5] [6] [7] [8] [9]
		性别	男 [1]　　女 [2]
序号	[0] [1] [2] [3] [4] [5] [6] [7] [8] [9] [0] [1] [2] [3] [4] [5] [6] [7] [8] [9] [0] [1] [2] [3] [4] [5] [6] [7] [8] [9] [0] [1] [2] [3] [4] [5] [6] [7] [8] [9]	考点	[0] [1] [2] [3] [4] [5] [6] [7] [8] [9] [0] [1] [2] [3] [4] [5] [6] [7] [8] [9] [0] [1] [2] [3] [4] [5] [6] [7] [8] [9]
		你是华裔吗？	
年龄	[0] [1] [2] [3] [4] [5] [6] [7] [8] [9] [0] [1] [2] [3] [4] [5] [6] [7] [8] [9]	是 [1]　　不是 [2]	

学习汉语的时间：

1 年以下[1]　　1 年—18 个月[2]　　18 个月—2 年[3]　　2 年—30 个月[4]　　30 个月—3 年[5]　　3 年以上[6]

注意　　请用2B 铅笔这样写：■

一、听力

1. [A] [B] [C] [D] [E] [F]　　6. [A] [B] [C] [D] [E] [F]
2. [A] [B] [C] [D] [E] [F]　　7. [A] [B] [C] [D] [E] [F]
3. [A] [B] [C] [D] [E] [F]　　8. [A] [B] [C] [D] [E] [F]
4. [A] [B] [C] [D] [E] [F]　　9. [A] [B] [C] [D] [E] [F]
5. [A] [B] [C] [D] [E] [F]　　10. [A] [B] [C] [D] [E] [F]

11. [✓] [✗]　　16. [✓] [✗]　　21. [A] [B] [C]
12. [✓] [✗]　　17. [✓] [✗]　　22. [A] [B] [C]
13. [✓] [✗]　　18. [✓] [✗]　　23. [A] [B] [C]
14. [✓] [✗]　　19. [✓] [✗]　　24. [A] [B] [C]
15. [✓] [✗]　　20. [✓] [✗]　　25. [A] [B] [C]

26. [A] [B] [C]　　31. [A] [B] [C]　　36. [A] [B] [C]
27. [A] [B] [C]　　32. [A] [B] [C]　　37. [A] [B] [C]
28. [A] [B] [C]　　33. [A] [B] [C]　　38. [A] [B] [C]
29. [A] [B] [C]　　34. [A] [B] [C]　　39. [A] [B] [C]
30. [A] [B] [C]　　35. [A] [B] [C]　　40. [A] [B] [C]

二、阅读

41. [A] [B] [C] [D] [E] [F]　　46. [A] [B] [C] [D] [E] [F]
42. [A] [B] [C] [D] [E] [F]　　47. [A] [B] [C] [D] [E] [F]
43. [A] [B] [C] [D] [E] [F]　　48. [A] [B] [C] [D] [E] [F]
44. [A] [B] [C] [D] [E] [F]　　49. [A] [B] [C] [D] [E] [F]
45. [A] [B] [C] [D] [E] [F]　　50. [A] [B] [C] [D] [E] [F]

51. [A] [B] [C] [D] [E] [F]　　56. [A] [B] [C] [D] [E] [F]
52. [A] [B] [C] [D] [E] [F]　　57. [A] [B] [C] [D] [E] [F]
53. [A] [B] [C] [D] [E] [F]　　58. [A] [B] [C] [D] [E] [F]
54. [A] [B] [C] [D] [E] [F]　　59. [A] [B] [C] [D] [E] [F]
55. [A] [B] [C] [D] [E] [F]　　60. [A] [B] [C] [D] [E] [F]

61. [A] [B] [C]　　66. [A] [B] [C]
62. [A] [B] [C]　　67. [A] [B] [C]
63. [A] [B] [C]　　68. [A] [B] [C]
64. [A] [B] [C]　　69. [A] [B] [C]
65. [A] [B] [C]　　70. [A] [B] [C]

三、书写

71. _____
72. _____
73. _____
74. _____
75. _____

76. ☐　　77. ☐　　78. ☐　　79. ☐　　80. ☐

新 汉 语 水 平 考 试
HSK（三级）答题卡

姓名		国籍	[0] [1] [2] [3] [4] [5] [6] [7] [8] [9] [0] [1] [2] [3] [4] [5] [6] [7] [8] [9] [0] [1] [2] [3] [4] [5] [6] [7] [8] [9]

		性别	男 [1]　　　女 [2]
序号	[0] [1] [2] [3] [4] [5] [6] [7] [8] [9] [0] [1] [2] [3] [4] [5] [6] [7] [8] [9] [0] [1] [2] [3] [4] [5] [6] [7] [8] [9] [0] [1] [2] [3] [4] [5] [6] [7] [8] [9]	考点	[0] [1] [2] [3] [4] [5] [6] [7] [8] [9] [0] [1] [2] [3] [4] [5] [6] [7] [8] [9] [0] [1] [2] [3] [4] [5] [6] [7] [8] [9]
年龄	[0] [1] [2] [3] [4] [5] [6] [7] [8] [9] [0] [1] [2] [3] [4] [5] [6] [7] [8] [9]	你是华裔吗? 是 [1]　　　不是 [2]	

学习汉语的时间：

1 年以下[1]　1 年—18 个月[2]　18 个月—2 年[3]　2 年—30 个月[4]　30 个月—3 年[5]　3 年以上[6]

注意　　请用2B铅笔这样写：■

一、听力

1. [A] [B] [C] [D] [E] [F]　6. [A] [B] [C] [D] [E] [F]
2. [A] [B] [C] [D] [E] [F]　7. [A] [B] [C] [D] [E] [F]
3. [A] [B] [C] [D] [E] [F]　8. [A] [B] [C] [D] [E] [F]
4. [A] [B] [C] [D] [E] [F]　9. [A] [B] [C] [D] [E] [F]
5. [A] [B] [C] [D] [E] [F]　10. [A] [B] [C] [D] [E] [F]
11. [✓] [×]　16. [✓] [×]　21. [A] [B] [C]
12. [✓] [×]　17. [✓] [×]　22. [A] [B] [C]
13. [✓] [×]　18. [✓] [×]　23. [A] [B] [C]
14. [✓] [×]　19. [✓] [×]　24. [A] [B] [C]
15. [✓] [×]　20. [✓] [×]　25. [A] [B] [C]
26. [A] [B] [C]　31. [A] [B] [C]　36. [A] [B] [C]
27. [A] [B] [C]　32. [A] [B] [C]　37. [A] [B] [C]
28. [A] [B] [C]　33. [A] [B] [C]　38. [A] [B] [C]
29. [A] [B] [C]　34. [A] [B] [C]　39. [A] [B] [C]
30. [A] [B] [C]　35. [A] [B] [C]　40. [A] [B] [C]

二、阅读

41. [A] [B] [C] [D] [E] [F]　46. [A] [B] [C] [D] [E] [F]
42. [A] [B] [C] [D] [E] [F]　47. [A] [B] [C] [D] [E] [F]
43. [A] [B] [C] [D] [E] [F]　48. [A] [B] [C] [D] [E] [F]
44. [A] [B] [C] [D] [E] [F]　49. [A] [B] [C] [D] [E] [F]
45. [A] [B] [C] [D] [E] [F]　50. [A] [B] [C] [D] [E] [F]
51. [A] [B] [C] [D] [E] [F]　56. [A] [B] [C] [D] [E] [F]
52. [A] [B] [C] [D] [E] [F]　57. [A] [B] [C] [D] [E] [F]
53. [A] [B] [C] [D] [E] [F]　58. [A] [B] [C] [D] [E] [F]
54. [A] [B] [C] [D] [E] [F]　59. [A] [B] [C] [D] [E] [F]
55. [A] [B] [C] [D] [E] [F]　60. [A] [B] [C] [D] [E] [F]
61. [A] [B] [C]　66. [A] [B] [C]
62. [A] [B] [C]　67. [A] [B] [C]
63. [A] [B] [C]　68. [A] [B] [C]
64. [A] [B] [C]　69. [A] [B] [C]
65. [A] [B] [C]　70. [A] [B] [C]

三、书写

71. _____
72. _____
73. _____
74. _____
75. _____

76. ☐　77. ☐　78. ☐　79. ☐　80. ☐

新汉语水平考试
HSK（三级）答题卡

姓名 _____

国籍 [0][1][2][3][4][5][6][7][8][9]
     [0][1][2][3][4][5][6][7][8][9]
     [0][1][2][3][4][5][6][7][8][9]

性别　　男 [1]　　女 [2]

序号 [0][1][2][3][4][5][6][7][8][9]
     [0][1][2][3][4][5][6][7][8][9]
     [0][1][2][3][4][5][6][7][8][9]
     [0][1][2][3][4][5][6][7][8][9]

考点 [0][1][2][3][4][5][6][7][8][9]
     [0][1][2][3][4][5][6][7][8][9]
     [0][1][2][3][4][5][6][7][8][9]

你是华裔吗？
是 [1]　　不是 [2]

年龄 [0][1][2][3][4][5][6][7][8][9]
     [0][1][2][3][4][5][6][7][8][9]

学习汉语的时间：

1 年以下 [1]　1 年—18 个月 [2]　18 个月—2 年 [3]　2 年—30 个月 [4]　30 个月—3 年 [5]　3 年以上 [6]

注意　　请用 2B 铅笔这样写：■

一、听力

1. [A] [B] [C] [D] [E] [F]　6. [A] [B] [C] [D] [E] [F]
2. [A] [B] [C] [D] [E] [F]　7. [A] [B] [C] [D] [E] [F]
3. [A] [B] [C] [D] [E] [F]　8. [A] [B] [C] [D] [E] [F]
4. [A] [B] [C] [D] [E] [F]　9. [A] [B] [C] [D] [E] [F]
5. [A] [B] [C] [D] [E] [F]　10. [A] [B] [C] [D] [E] [F]
11. [✓] [×]　16. [✓] [×]　21. [A] [B] [C]
12. [✓] [×]　17. [✓] [×]　22. [A] [B] [C]
13. [✓] [×]　18. [✓] [×]　23. [A] [B] [C]
14. [✓] [×]　19. [✓] [×]　24. [A] [B] [C]
15. [✓] [×]　20. [✓] [×]　25. [A] [B] [C]
26. [A] [B] [C]　31. [A] [B] [C]　36. [A] [B] [C]
27. [A] [B] [C]　32. [A] [B] [C]　37. [A] [B] [C]
28. [A] [B] [C]　33. [A] [B] [C]　38. [A] [B] [C]
29. [A] [B] [C]　34. [A] [B] [C]　39. [A] [B] [C]
30. [A] [B] [C]　35. [A] [B] [C]　40. [A] [B] [C]

二、阅读

41. [A] [B] [C] [D] [E] [F]　46. [A] [B] [C] [D] [E] [F]
42. [A] [B] [C] [D] [E] [F]　47. [A] [B] [C] [D] [E] [F]
43. [A] [B] [C] [D] [E] [F]　48. [A] [B] [C] [D] [E] [F]
44. [A] [B] [C] [D] [E] [F]　49. [A] [B] [C] [D] [E] [F]
45. [A] [B] [C] [D] [E] [F]　50. [A] [B] [C] [D] [E] [F]
51. [A] [B] [C] [D] [E] [F]　56. [A] [B] [C] [D] [E] [F]
52. [A] [B] [C] [D] [E] [F]　57. [A] [B] [C] [D] [E] [F]
53. [A] [B] [C] [D] [E] [F]　58. [A] [B] [C] [D] [E] [F]
54. [A] [B] [C] [D] [E] [F]　59. [A] [B] [C] [D] [E] [F]
55. [A] [B] [C] [D] [E] [F]　60. [A] [B] [C] [D] [E] [F]
61. [A] [B] [C]　66. [A] [B] [C]
62. [A] [B] [C]　67. [A] [B] [C]
63. [A] [B] [C]　68. [A] [B] [C]
64. [A] [B] [C]　69. [A] [B] [C]
65. [A] [B] [C]　70. [A] [B] [C]

三、书写

71. _____
72. _____
73. _____
74. _____
75. _____

76. ☐　　77. ☐　　78. ☐　　79. ☐　　80. ☐

新 汉 语 水 平 考 试
HSK（三级）答题卡

姓名	

国籍	[0] [1] [2] [3] [4] [5] [6] [7] [8] [9] [0] [1] [2] [3] [4] [5] [6] [7] [8] [9] [0] [1] [2] [3] [4] [5] [6] [7] [8] [9]

序号	[0] [1] [2] [3] [4] [5] [6] [7] [8] [9] [0] [1] [2] [3] [4] [5] [6] [7] [8] [9] [0] [1] [2] [3] [4] [5] [6] [7] [8] [9] [0] [1] [2] [3] [4] [5] [6] [7] [8] [9] [0] [1] [2] [3] [4] [5] [6] [7] [8] [9]

性别	男　[1]　　　女　[2]

考点	[0] [1] [2] [3] [4] [5] [6] [7] [8] [9] [0] [1] [2] [3] [4] [5] [6] [7] [8] [9] [0] [1] [2] [3] [4] [5] [6] [7] [8] [9]

年龄	[0] [1] [2] [3] [4] [5] [6] [7] [8] [9] [0] [1] [2] [3] [4] [5] [6] [7] [8] [9]

你是华裔吗？
是　[1]　　　不是　[2]

学习汉语的时间：

1 年以下[1]　　1 年—18 个月[2]　　18 个月—2 年[3]　　2 年—30 个月[4]　　30 个月—3 年[5]　　3 年以上[6]

注意　请用2B铅笔这样写：■

一、听力

1. [A] [B] [C] [D] [E] [F]　　6. [A] [B] [C] [D] [E] [F]
2. [A] [B] [C] [D] [E] [F]　　7. [A] [B] [C] [D] [E] [F]
3. [A] [B] [C] [D] [E] [F]　　8. [A] [B] [C] [D] [E] [F]
4. [A] [B] [C] [D] [E] [F]　　9. [A] [B] [C] [D] [E] [F]
5. [A] [B] [C] [D] [E] [F]　　10. [A] [B] [C] [D] [E] [F]

11. [✓] [✗]　　16. [✓] [✗]　　21. [A] [B] [C]
12. [✓] [✗]　　17. [✓] [✗]　　22. [A] [B] [C]
13. [✓] [✗]　　18. [✓] [✗]　　23. [A] [B] [C]
14. [✓] [✗]　　19. [✓] [✗]　　24. [A] [B] [C]
15. [✓] [✗]　　20. [✓] [✗]　　25. [A] [B] [C]

26. [A] [B] [C]　　31. [A] [B] [C]　　36. [A] [B] [C]
27. [A] [B] [C]　　32. [A] [B] [C]　　37. [A] [B] [C]
28. [A] [B] [C]　　33. [A] [B] [C]　　38. [A] [B] [C]
29. [A] [B] [C]　　34. [A] [B] [C]　　39. [A] [B] [C]
30. [A] [B] [C]　　35. [A] [B] [C]　　40. [A] [B] [C]

二、阅读

41. [A] [B] [C] [D] [E] [F]　　46. [A] [B] [C] [D] [E] [F]
42. [A] [B] [C] [D] [E] [F]　　47. [A] [B] [C] [D] [E] [F]
43. [A] [B] [C] [D] [E] [F]　　48. [A] [B] [C] [D] [E] [F]
44. [A] [B] [C] [D] [E] [F]　　49. [A] [B] [C] [D] [E] [F]
45. [A] [B] [C] [D] [E] [F]　　50. [A] [B] [C] [D] [E] [F]

51. [A] [B] [C] [D] [E] [F]　　56. [A] [B] [C] [D] [E] [F]
52. [A] [B] [C] [D] [E] [F]　　57. [A] [B] [C] [D] [E] [F]
53. [A] [B] [C] [D] [E] [F]　　58. [A] [B] [C] [D] [E] [F]
54. [A] [B] [C] [D] [E] [F]　　59. [A] [B] [C] [D] [E] [F]
55. [A] [B] [C] [D] [E] [F]　　60. [A] [B] [C] [D] [E] [F]

61. [A] [B] [C]　　66. [A] [B] [C]
62. [A] [B] [C]　　67. [A] [B] [C]
63. [A] [B] [C]　　68. [A] [B] [C]
64. [A] [B] [C]　　69. [A] [B] [C]
65. [A] [B] [C]　　70. [A] [B] [C]

三、书写

71. _____
72. _____
73. _____
74. _____
75. _____

76. ☐　　77. ☐　　78. ☐　　79. ☐　　80. ☐

新 汉 语 水 平 考 试
HSK（三级）答题卡

姓名 _____

国籍 [0][1][2][3][4][5][6][7][8][9]
[0][1][2][3][4][5][6][7][8][9]
[0][1][2][3][4][5][6][7][8][9]

性别　　男 [1]　　女 [2]

序号 [0][1][2][3][4][5][6][7][8][9]
[0][1][2][3][4][5][6][7][8][9]
[0][1][2][3][4][5][6][7][8][9]
[0][1][2][3][4][5][6][7][8][9]

考点 [0][1][2][3][4][5][6][7][8][9]
[0][1][2][3][4][5][6][7][8][9]
[0][1][2][3][4][5][6][7][8][9]

年龄 [0][1][2][3][4][5][6][7][8][9]
[0][1][2][3][4][5][6][7][8][9]

你是华裔吗？
是 [1]　　不是 [2]

学习汉语的时间：
1 年以下[1]　1 年—18 个月[2]　18 个月—2 年[3]　2 年—30 个月[4]　30 个月—3 年[5]　3 年以上[6]

注意　　请用 2B 铅笔这样写：■

一、听力

1. [A] [B] [C] [D] [E] [F]　6. [A] [B] [C] [D] [E] [F]
2. [A] [B] [C] [D] [E] [F]　7. [A] [B] [C] [D] [E] [F]
3. [A] [B] [C] [D] [E] [F]　8. [A] [B] [C] [D] [E] [F]
4. [A] [B] [C] [D] [E] [F]　9. [A] [B] [C] [D] [E] [F]
5. [A] [B] [C] [D] [E] [F]　10. [A] [B] [C] [D] [E] [F]
11. [✓] [✗]　16. [✓] [✗]　21. [A] [B] [C]
12. [✓] [✗]　17. [✓] [✗]　22. [A] [B] [C]
13. [✓] [✗]　18. [✓] [✗]　23. [A] [B] [C]
14. [✓] [✗]　19. [✓] [✗]　24. [A] [B] [C]
15. [✓] [✗]　20. [✓] [✗]　25. [A] [B] [C]
26. [A] [B] [C]　31. [A] [B] [C]　36. [A] [B] [C]
27. [A] [B] [C]　32. [A] [B] [C]　37. [A] [B] [C]
28. [A] [B] [C]　33. [A] [B] [C]　38. [A] [B] [C]
29. [A] [B] [C]　34. [A] [B] [C]　39. [A] [B] [C]
30. [A] [B] [C]　35. [A] [B] [C]　40. [A] [B] [C]

二、阅读

41. [A] [B] [C] [D] [E] [F]　46. [A] [B] [C] [D] [E] [F]
42. [A] [B] [C] [D] [E] [F]　47. [A] [B] [C] [D] [E] [F]
43. [A] [B] [C] [D] [E] [F]　48. [A] [B] [C] [D] [E] [F]
44. [A] [B] [C] [D] [E] [F]　49. [A] [B] [C] [D] [E] [F]
45. [A] [B] [C] [D] [E] [F]　50. [A] [B] [C] [D] [E] [F]
51. [A] [B] [C] [D] [E] [F]　56. [A] [B] [C] [D] [E] [F]
52. [A] [B] [C] [D] [E] [F]　57. [A] [B] [C] [D] [E] [F]
53. [A] [B] [C] [D] [E] [F]　58. [A] [B] [C] [D] [E] [F]
54. [A] [B] [C] [D] [E] [F]　59. [A] [B] [C] [D] [E] [F]
55. [A] [B] [C] [D] [E] [F]　60. [A] [B] [C] [D] [E] [F]
61. [A] [B] [C]　66. [A] [B] [C]
62. [A] [B] [C]　67. [A] [B] [C]
63. [A] [B] [C]　68. [A] [B] [C]
64. [A] [B] [C]　69. [A] [B] [C]
65. [A] [B] [C]　70. [A] [B] [C]

三、书写

71. _____
72. _____
73. _____
74. _____
75. _____

76. ☐　77. ☐　78. ☐　79. ☐　80. ☐

新 汉 语 水 平 考 试
HSK（三级）答题卡

姓名		国籍	[0][1][2][3][4][5][6][7][8][9] [0][1][2][3][4][5][6][7][8][9] [0][1][2][3][4][5][6][7][8][9]
		性别	男 [1]　　　女 [2]
序号	[0][1][2][3][4][5][6][7][8][9] [0][1][2][3][4][5][6][7][8][9] [0][1][2][3][4][5][6][7][8][9] [0][1][2][3][4][5][6][7][8][9]	考点	[0][1][2][3][4][5][6][7][8][9] [0][1][2][3][4][5][6][7][8][9] [0][1][2][3][4][5][6][7][8][9]
		你是华裔吗?	
年龄	[0][1][2][3][4][5][6][7][8][9] [0][1][2][3][4][5][6][7][8][9]	是 [1]　　　不是 [2]	

学习汉语的时间：

1 年以下[1]　1 年—18 个月[2]　18 个月—2 年[3]　2 年—30 个月[4]　30 个月—3 年[5]　3 年以上[6]

注意　　请用2B 铅笔这样写：■

一、听力

1. [A] [B] [C] [D] [E] [F]　　6. [A] [B] [C] [D] [E] [F]
2. [A] [B] [C] [D] [E] [F]　　7. [A] [B] [C] [D] [E] [F]
3. [A] [B] [C] [D] [E] [F]　　8. [A] [B] [C] [D] [E] [F]
4. [A] [B] [C] [D] [E] [F]　　9. [A] [B] [C] [D] [E] [F]
5. [A] [B] [C] [D] [E] [F]　　10. [A] [B] [C] [D] [E] [F]

11. [✓] [✗]　　16. [✓] [✗]　　21. [A] [B] [C]
12. [✓] [✗]　　17. [✓] [✗]　　22. [A] [B] [C]
13. [✓] [✗]　　18. [✓] [✗]　　23. [A] [B] [C]
14. [✓] [✗]　　19. [✓] [✗]　　24. [A] [B] [C]
15. [✓] [✗]　　20. [✓] [✗]　　25. [A] [B] [C]

26. [A] [B] [C]　　31. [A] [B] [C]　　36. [A] [B] [C]
27. [A] [B] [C]　　32. [A] [B] [C]　　37. [A] [B] [C]
28. [A] [B] [C]　　33. [A] [B] [C]　　38. [A] [B] [C]
29. [A] [B] [C]　　34. [A] [B] [C]　　39. [A] [B] [C]
30. [A] [B] [C]　　35. [A] [B] [C]　　40. [A] [B] [C]

二、阅读

41. [A] [B] [C] [D] [E] [F]　　46. [A] [B] [C] [D] [E] [F]
42. [A] [B] [C] [D] [E] [F]　　47. [A] [B] [C] [D] [E] [F]
43. [A] [B] [C] [D] [E] [F]　　48. [A] [B] [C] [D] [E] [F]
44. [A] [B] [C] [D] [E] [F]　　49. [A] [B] [C] [D] [E] [F]
45. [A] [B] [C] [D] [E] [F]　　50. [A] [B] [C] [D] [E] [F]

51. [A] [B] [C] [D] [E] [F]　　56. [A] [B] [C] [D] [E] [F]
52. [A] [B] [C] [D] [E] [F]　　57. [A] [B] [C] [D] [E] [F]
53. [A] [B] [C] [D] [E] [F]　　58. [A] [B] [C] [D] [E] [F]
54. [A] [B] [C] [D] [E] [F]　　59. [A] [B] [C] [D] [E] [F]
55. [A] [B] [C] [D] [E] [F]　　60. [A] [B] [C] [D] [E] [F]

61. [A] [B] [C]　　66. [A] [B] [C]
62. [A] [B] [C]　　67. [A] [B] [C]
63. [A] [B] [C]　　68. [A] [B] [C]
64. [A] [B] [C]　　69. [A] [B] [C]
65. [A] [B] [C]　　70. [A] [B] [C]

三、书写

71.

72.

73.

74.

75.

76.　　77.　　78.　　79.　　80.

新 汉 语 水 平 考 试
HSK（三级）答题卡

姓名		国籍	[0] [1] [2] [3] [4] [5] [6] [7] [8] [9] [0] [1] [2] [3] [4] [5] [6] [7] [8] [9] [0] [1] [2] [3] [4] [5] [6] [7] [8] [9]
		性别	男 [1]　　　女 [2]
序号	[0] [1] [2] [3] [4] [5] [6] [7] [8] [9] [0] [1] [2] [3] [4] [5] [6] [7] [8] [9] [0] [1] [2] [3] [4] [5] [6] [7] [8] [9] [0] [1] [2] [3] [4] [5] [6] [7] [8] [9]	考点	[0] [1] [2] [3] [4] [5] [6] [7] [8] [9] [0] [1] [2] [3] [4] [5] [6] [7] [8] [9] [0] [1] [2] [3] [4] [5] [6] [7] [8] [9]
		你是华裔吗？	
年龄	[0] [1] [2] [3] [4] [5] [6] [7] [8] [9] [0] [1] [2] [3] [4] [5] [6] [7] [8] [9]	是 [1]　　　不是 [2]	

学习汉语的时间：

1 年以下[1]　1 年—18 个月[2]　18 个月—2 年[3]　2 年—30 个月[4]　30 个月—3 年[5]　3 年以上[6]

注意	请用2B 铅笔这样写：▬

一、听力

1. [A] [B] [C] [D] [E] [F]　　6. [A] [B] [C] [D] [E] [F]
2. [A] [B] [C] [D] [E] [F]　　7. [A] [B] [C] [D] [E] [F]
3. [A] [B] [C] [D] [E] [F]　　8. [A] [B] [C] [D] [E] [F]
4. [A] [B] [C] [D] [E] [F]　　9. [A] [B] [C] [D] [E] [F]
5. [A] [B] [C] [D] [E] [F]　　10. [A] [B] [C] [D] [E] [F]

11. [✓] [✕]　　16. [✓] [✕]　　21. [A] [B] [C]
12. [✓] [✕]　　17. [✓] [✕]　　22. [A] [B] [C]
13. [✓] [✕]　　18. [✓] [✕]　　23. [A] [B] [C]
14. [✓] [✕]　　19. [✓] [✕]　　24. [A] [B] [C]
15. [✓] [✕]　　20. [✓] [✕]　　25. [A] [B] [C]

26. [A] [B] [C]　　31. [A] [B] [C]　　36. [A] [B] [C]
27. [A] [B] [C]　　32. [A] [B] [C]　　37. [A] [B] [C]
28. [A] [B] [C]　　33. [A] [B] [C]　　38. [A] [B] [C]
29. [A] [B] [C]　　34. [A] [B] [C]　　39. [A] [B] [C]
30. [A] [B] [C]　　35. [A] [B] [C]　　40. [A] [B] [C]

二、阅读

41. [A] [B] [C] [D] [E] [F]　　46. [A] [B] [C] [D] [E] [F]
42. [A] [B] [C] [D] [E] [F]　　47. [A] [B] [C] [D] [E] [F]
43. [A] [B] [C] [D] [E] [F]　　48. [A] [B] [C] [D] [E] [F]
44. [A] [B] [C] [D] [E] [F]　　49. [A] [B] [C] [D] [E] [F]
45. [A] [B] [C] [D] [E] [F]　　50. [A] [B] [C] [D] [E] [F]

51. [A] [B] [C] [D] [E] [F]　　56. [A] [B] [C] [D] [E] [F]
52. [A] [B] [C] [D] [E] [F]　　57. [A] [B] [C] [D] [E] [F]
53. [A] [B] [C] [D] [E] [F]　　58. [A] [B] [C] [D] [E] [F]
54. [A] [B] [C] [D] [E] [F]　　59. [A] [B] [C] [D] [E] [F]
55. [A] [B] [C] [D] [E] [F]　　60. [A] [B] [C] [D] [E] [F]

61. [A] [B] [C]　　66. [A] [B] [C]
62. [A] [B] [C]　　67. [A] [B] [C]
63. [A] [B] [C]　　68. [A] [B] [C]
64. [A] [B] [C]　　69. [A] [B] [C]
65. [A] [B] [C]　　70. [A] [B] [C]

三、书写

71. _____
72. _____
73. _____
74. _____
75. _____

76. ☐　　77. ☐　　78. ☐　　79. ☐　　80. ☐

新 汉 语 水 平 考 试
HSK（三级）答题卡

姓名	

序号	[0] [1] [2] [3] [4] [5] [6] [7] [8] [9] [0] [1] [2] [3] [4] [5] [6] [7] [8] [9] [0] [1] [2] [3] [4] [5] [6] [7] [8] [9] [0] [1] [2] [3] [4] [5] [6] [7] [8] [9]
年龄	[0] [1] [2] [3] [4] [5] [6] [7] [8] [9] [0] [1] [2] [3] [4] [5] [6] [7] [8] [9]

国籍	[0] [1] [2] [3] [4] [5] [6] [7] [8] [9] [0] [1] [2] [3] [4] [5] [6] [7] [8] [9] [0] [1] [2] [3] [4] [5] [6] [7] [8] [9]
性别	男 [1]　　　女 [2]
考点	[0] [1] [2] [3] [4] [5] [6] [7] [8] [9] [0] [1] [2] [3] [4] [5] [6] [7] [8] [9] [0] [1] [2] [3] [4] [5] [6] [7] [8] [9]
你是华裔吗？	是 [1]　　　不是 [2]

学习汉语的时间：

1 年以下[1]　1 年—18 个月[2]　18 个月—2 年[3]　2 年—30 个月[4]　30 个月—3 年[5]　3 年以上[6]

注意　　请用 2B 铅笔这样写：▬

一、听力

1. [A] [B] [C] [D] [E] [F]　　6. [A] [B] [C] [D] [E] [F]
2. [A] [B] [C] [D] [E] [F]　　7. [A] [B] [C] [D] [E] [F]
3. [A] [B] [C] [D] [E] [F]　　8. [A] [B] [C] [D] [E] [F]
4. [A] [B] [C] [D] [E] [F]　　9. [A] [B] [C] [D] [E] [F]
5. [A] [B] [C] [D] [E] [F]　　10. [A] [B] [C] [D] [E] [F]

11. [✓] [✗]　　16. [✓] [✗]　　21. [A] [B] [C]
12. [✓] [✗]　　17. [✓] [✗]　　22. [A] [B] [C]
13. [✓] [✗]　　18. [✓] [✗]　　23. [A] [B] [C]
14. [✓] [✗]　　19. [✓] [✗]　　24. [A] [B] [C]
15. [✓] [✗]　　20. [✓] [✗]　　25. [A] [B] [C]

26. [A] [B] [C]　　31. [A] [B] [C]　　36. [A] [B] [C]
27. [A] [B] [C]　　32. [A] [B] [C]　　37. [A] [B] [C]
28. [A] [B] [C]　　33. [A] [B] [C]　　38. [A] [B] [C]
29. [A] [B] [C]　　34. [A] [B] [C]　　39. [A] [B] [C]
30. [A] [B] [C]　　35. [A] [B] [C]　　40. [A] [B] [C]

二、阅读

41. [A] [B] [C] [D] [E] [F]　　46. [A] [B] [C] [D] [E] [F]
42. [A] [B] [C] [D] [E] [F]　　47. [A] [B] [C] [D] [E] [F]
43. [A] [B] [C] [D] [E] [F]　　48. [A] [B] [C] [D] [E] [F]
44. [A] [B] [C] [D] [E] [F]　　49. [A] [B] [C] [D] [E] [F]
45. [A] [B] [C] [D] [E] [F]　　50. [A] [B] [C] [D] [E] [F]

51. [A] [B] [C] [D] [E] [F]　　56. [A] [B] [C] [D] [E] [F]
52. [A] [B] [C] [D] [E] [F]　　57. [A] [B] [C] [D] [E] [F]
53. [A] [B] [C] [D] [E] [F]　　58. [A] [B] [C] [D] [E] [F]
54. [A] [B] [C] [D] [E] [F]　　59. [A] [B] [C] [D] [E] [F]
55. [A] [B] [C] [D] [E] [F]　　60. [A] [B] [C] [D] [E] [F]

61. [A] [B] [C]　　66. [A] [B] [C]
62. [A] [B] [C]　　67. [A] [B] [C]
63. [A] [B] [C]　　68. [A] [B] [C]
64. [A] [B] [C]　　69. [A] [B] [C]
65. [A] [B] [C]　　70. [A] [B] [C]

三、书写

71. _____

72. _____

73. _____

74. _____

75. _____

76. [　]　　77. [　]　　78. [　]　　79. [　]　　80. [　]

新 汉 语 水 平 考 试
HSK（三级）答题卡

姓名	

国籍	[0] [1] [2] [3] [4] [5] [6] [7] [8] [9] [0] [1] [2] [3] [4] [5] [6] [7] [8] [9] [0] [1] [2] [3] [4] [5] [6] [7] [8] [9]
性别	男 [1]　　　女 [2]

序号	[0] [1] [2] [3] [4] [5] [6] [7] [8] [9] [0] [1] [2] [3] [4] [5] [6] [7] [8] [9] [0] [1] [2] [3] [4] [5] [6] [7] [8] [9] [0] [1] [2] [3] [4] [5] [6] [7] [8] [9]

考点	[0] [1] [2] [3] [4] [5] [6] [7] [8] [9] [0] [1] [2] [3] [4] [5] [6] [7] [8] [9] [0] [1] [2] [3] [4] [5] [6] [7] [8] [9]
你是华裔吗？	
	是 [1]　　　不是 [2]

年龄	[0] [1] [2] [3] [4] [5] [6] [7] [8] [9] [0] [1] [2] [3] [4] [5] [6] [7] [8] [9]

学习汉语的时间：
1 年以下[1]　　1 年—18 个月[2]　　18 个月—2 年[3]　　2 年—30 个月[4]　　30 个月—3 年[5]　　3 年以上[6]

注意	请用2B 铅笔这样写：■

一、听力

1. [A] [B] [C] [D] [E] [F]　　6. [A] [B] [C] [D] [E] [F]
2. [A] [B] [C] [D] [E] [F]　　7. [A] [B] [C] [D] [E] [F]
3. [A] [B] [C] [D] [E] [F]　　8. [A] [B] [C] [D] [E] [F]
4. [A] [B] [C] [D] [E] [F]　　9. [A] [B] [C] [D] [E] [F]
5. [A] [B] [C] [D] [E] [F]　　10. [A] [B] [C] [D] [E] [F]

11. [✓] [✗]　　16. [✓] [✗]　　21. [A] [B] [C]
12. [✓] [✗]　　17. [✓] [✗]　　22. [A] [B] [C]
13. [✓] [✗]　　18. [✓] [✗]　　23. [A] [B] [C]
14. [✓] [✗]　　19. [✓] [✗]　　24. [A] [B] [C]
15. [✓] [✗]　　20. [✓] [✗]　　25. [A] [B] [C]

26. [A] [B] [C]　　31. [A] [B] [C]　　36. [A] [B] [C]
27. [A] [B] [C]　　32. [A] [B] [C]　　37. [A] [B] [C]
28. [A] [B] [C]　　33. [A] [B] [C]　　38. [A] [B] [C]
29. [A] [B] [C]　　34. [A] [B] [C]　　39. [A] [B] [C]
30. [A] [B] [C]　　35. [A] [B] [C]　　40. [A] [B] [C]

二、阅读

41. [A] [B] [C] [D] [E] [F]　　46. [A] [B] [C] [D] [E] [F]
42. [A] [B] [C] [D] [E] [F]　　47. [A] [B] [C] [D] [E] [F]
43. [A] [B] [C] [D] [E] [F]　　48. [A] [B] [C] [D] [E] [F]
44. [A] [B] [C] [D] [E] [F]　　49. [A] [B] [C] [D] [E] [F]
45. [A] [B] [C] [D] [E] [F]　　50. [A] [B] [C] [D] [E] [F]

51. [A] [B] [C] [D] [E] [F]　　56. [A] [B] [C] [D] [E] [F]
52. [A] [B] [C] [D] [E] [F]　　57. [A] [B] [C] [D] [E] [F]
53. [A] [B] [C] [D] [E] [F]　　58. [A] [B] [C] [D] [E] [F]
54. [A] [B] [C] [D] [E] [F]　　59. [A] [B] [C] [D] [E] [F]
55. [A] [B] [C] [D] [E] [F]　　60. [A] [B] [C] [D] [E] [F]

61. [A] [B] [C]　　66. [A] [B] [C]
62. [A] [B] [C]　　67. [A] [B] [C]
63. [A] [B] [C]　　68. [A] [B] [C]
64. [A] [B] [C]　　69. [A] [B] [C]
65. [A] [B] [C]　　70. [A] [B] [C]

三、书写

71. _____
72. _____
73. _____
74. _____
75. _____

76. □　　77. □　　78. □　　79. □　　80. □

新 汉 语 水 平 考 试
HSK（三级）答题卡

姓名		国籍	[0] [1] [2] [3] [4] [5] [6] [7] [8] [9] [0] [1] [2] [3] [4] [5] [6] [7] [8] [9] [0] [1] [2] [3] [4] [5] [6] [7] [8] [9]

		性别	男 [1]　　　女 [2]

序号	[0] [1] [2] [3] [4] [5] [6] [7] [8] [9] [0] [1] [2] [3] [4] [5] [6] [7] [8] [9] [0] [1] [2] [3] [4] [5] [6] [7] [8] [9] [0] [1] [2] [3] [4] [5] [6] [7] [8] [9]	考点	[0] [1] [2] [3] [4] [5] [6] [7] [8] [9] [0] [1] [2] [3] [4] [5] [6] [7] [8] [9] [0] [1] [2] [3] [4] [5] [6] [7] [8] [9]

			你是华裔吗？
年龄	[0] [1] [2] [3] [4] [5] [6] [7] [8] [9] [0] [1] [2] [3] [4] [5] [6] [7] [8] [9]		是 [1]　　　不是 [2]

学习汉语的时间：

1 年以下[1]　1 年—18 个月[2]　18 个月—2 年[3]　2 年—30 个月[4]　30 个月—3 年[5]　3 年以上[6]

注意　请用2B铅笔这样写：■

一、听力

1. [A] [B] [C] [D] [E] [F]　　6. [A] [B] [C] [D] [E] [F]
2. [A] [B] [C] [D] [E] [F]　　7. [A] [B] [C] [D] [E] [F]
3. [A] [B] [C] [D] [E] [F]　　8. [A] [B] [C] [D] [E] [F]
4. [A] [B] [C] [D] [E] [F]　　9. [A] [B] [C] [D] [E] [F]
5. [A] [B] [C] [D] [E] [F]　　10. [A] [B] [C] [D] [E] [F]

11. [✓] [✕]　　16. [✓] [✕]　　21. [A] [B] [C]
12. [✓] [✕]　　17. [✓] [✕]　　22. [A] [B] [C]
13. [✓] [✕]　　18. [✓] [✕]　　23. [A] [B] [C]
14. [✓] [✕]　　19. [✓] [✕]　　24. [A] [B] [C]
15. [✓] [✕]　　20. [✓] [✕]　　25. [A] [B] [C]

26. [A] [B] [C]　　31. [A] [B] [C]　　36. [A] [B] [C]
27. [A] [B] [C]　　32. [A] [B] [C]　　37. [A] [B] [C]
28. [A] [B] [C]　　33. [A] [B] [C]　　38. [A] [B] [C]
29. [A] [B] [C]　　34. [A] [B] [C]　　39. [A] [B] [C]
30. [A] [B] [C]　　35. [A] [B] [C]　　40. [A] [B] [C]

二、阅读

41. [A] [B] [C] [D] [E] [F]　　46. [A] [B] [C] [D] [E] [F]
42. [A] [B] [C] [D] [E] [F]　　47. [A] [B] [C] [D] [E] [F]
43. [A] [B] [C] [D] [E] [F]　　48. [A] [B] [C] [D] [E] [F]
44. [A] [B] [C] [D] [E] [F]　　49. [A] [B] [C] [D] [E] [F]
45. [A] [B] [C] [D] [E] [F]　　50. [A] [B] [C] [D] [E] [F]

51. [A] [B] [C] [D] [E] [F]　　56. [A] [B] [C] [D] [E] [F]
52. [A] [B] [C] [D] [E] [F]　　57. [A] [B] [C] [D] [E] [F]
53. [A] [B] [C] [D] [E] [F]　　58. [A] [B] [C] [D] [E] [F]
54. [A] [B] [C] [D] [E] [F]　　59. [A] [B] [C] [D] [E] [F]
55. [A] [B] [C] [D] [E] [F]　　60. [A] [B] [C] [D] [E] [F]

61. [A] [B] [C]　　66. [A] [B] [C]
62. [A] [B] [C]　　67. [A] [B] [C]
63. [A] [B] [C]　　68. [A] [B] [C]
64. [A] [B] [C]　　69. [A] [B] [C]
65. [A] [B] [C]　　70. [A] [B] [C]

三、书写

71. _____
72. _____
73. _____
74. _____
75. _____

76. □　　77. □　　78. □　　79. □　　80. □

新汉语水平考试
HSK（三级）
全真模拟试题
（第2套）

注　　意

一、HSK（三级）分三部分：

  1. 听力（40题，约35分钟）

  2. 阅读（30题，30分钟）

  3. 书写（10题，15分钟）

二、听力结束后，有5分钟填写答题卡。

三、全部考试约90分钟（含考生填写个人信息时间5分钟）。

中国　北京　　　　　　　　××××/××××××　　编制

一、听 力

第 一 部 分

第1—5题

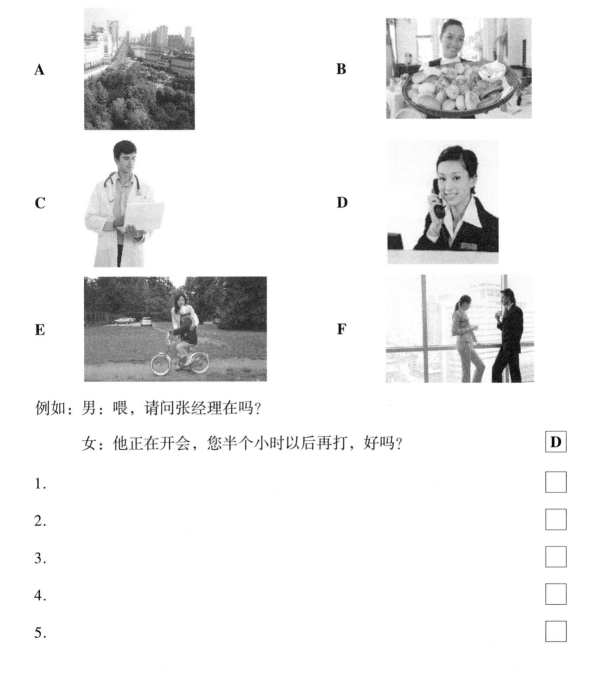

例如：男：喂，请问张经理在吗？

女：他正在开会，您半个小时以后再打，好吗？   D

1.

2.

3.

4.

5.

第 6—10 题

A

B

C

D

E

6. ☐

7. ☐

8. ☐

9. ☐

10. ☐

第 二 部 分

第 11—20 题

例如：为了让自己更健康，他每天都花一个小时去锻炼身体。

★ 他希望自己很健康。 （ √ ）

今天我想早点儿回家。看了看手表，才 5 点。过了一会儿再看表，还是 5 点，我这才发现我的手表不走了。

★ 那块儿手表不是他的。 （ × ）

11. ★ "我"要去火车站接朋友。 （ ）
12. ★ 公司就在第一层。 （ ）
13. ★ 这种电脑比以前便宜了。 （ ）
14. ★ 房子的厨房特别大。 （ ）
15. ★ 护照照片的要求有了变化。 （ ）
16. ★ "我"一直没给女儿买狗。 （ ）
17. ★ "我"以前体育成绩最好。 （ ）
18. ★ 老师会影响学生。 （ ）
19. ★ 刚才"我"带手机了。 （ ）
20. ★ "我"爸爸身体不好。 （ ）

第 三 部 分

第 21—30 题

例如：男：小王，帮我开一下门，好吗？谢谢！

女：没问题。您去超市了？买了这么多东西。

问：男的想让小王做什么？

    A 开门 ✓   B 拿东西   C 去超市买东西

21. A 感冒了   B 在看电视   C 眼睛不好了

22. A 会议室   B 办公室   C 商店

23. A 数学   B 历史   C 体育

24. A 换学校了   B 起得早了   C 搬家了

25. A 明天   B 今天   C 下星期

26. A 学开车   B 买水果   C 接朋友

27. A 丈夫和妻子   B 客人和服务员   C 老师和学生

28. A 做节目   B 去旅游   C 去外国学习

29. A 没上过大学   B 变化比较大   C 是女的同学

30. A 姐姐   B 妹妹   C 妈妈

第 四 部 分

第 31—40 题

例如：女：晚饭做好了，准备吃饭了。

男：等一会儿，比赛还有三分钟就结束了。

女：快点儿吧，菜冷了就不好吃了。

男：你先吃，我马上就看完了。

问：男的在做什么？

A 洗澡　　　　　　　B 吃饭　　　　　　　C 看电视　✓

31. A 体育馆　　　　　B 飞机场　　　　　　C 图书馆

32. A 他牙疼　　　　　B 不喜欢　　　　　　C 刷过牙了

33. A 同事　　　　　　B 叔叔　　　　　　　C 爸爸

34. A 鞋子　　　　　　B 雨伞　　　　　　　C 裙子

35. A 很小　　　　　　B 红色的　　　　　　C 没写名字

36. A 服务员　　　　　B 司机　　　　　　　C 医生

37. A 五点零五分　　　B 五点半　　　　　　C 六点

38. A 孩子　　　　　　B 运动　　　　　　　C 兴趣

39. A 已经结婚了　　　B 想买辆大车　　　　C 不喜欢出去玩儿

40. A 检查身体　　　　B 写作业　　　　　　C 玩儿游戏

二、阅 读

第 一 部 分

第41—45题

A 没问题，你放心吧。

B 这个人唱歌唱得不怎么样。

C 这件衬衫你花了多少钱？

D 马上吃饭了，去洗洗手，你爸呢？

E 当然。我们先坐公共汽车，然后换地铁。

F 又找不到了？我打一下你电话，看看在哪儿。

例如：你知道怎么去那儿吗？ （ E ）

41．你看见我的手机了吗？ （ ）

42．这个月我要回国，你能帮我收一下信吗？ （ ）

43．但是他现在非常有名。 （ ）

44．他在看电视呢，我去叫他。 （ ）

45．我有点儿记不清楚了，很便宜的。 （ ）

第 46—50 题

A 你真聪明,每次考试成绩都这么好。

B 周末有时间吗?我们一起去锻炼吧。

C 现在想想那时真是太好笑了。

D 是啊,在宾馆做服务员。

E 家里没米了,你去超市买一点儿吧。

46. 你是不是找到工作了? ( )

47. 我第一次游泳时非常害怕,怎么也不敢下水。 ( )

48. 好的,我看完报纸就去。 ( )

49. 周末公司有事,下星期吧。 ( )

50. 我只是比别人多努力一点儿。 ( )

第 二 部 分

第51—55题

A 刻　　B 城市　　C 向　　D 关心　　E 声音　　F 舒服

例如：她说话的（ E ）多好听啊！

51. 他又高又胖，这衣服太小了，他穿着很不（　　）。

52. 这次出去旅游，我一共去了三个（　　），花了不少钱。

53. 现在三点一（　　）了，演出三点半开始。

54. 他对你这么（　　），一定是喜欢上你了。

55. 请再（　　）左边站一点儿，对，就这样，笑一个，好！

第 56—60 题

      A 多么　　**B** 班　　**C** 满意　　**D** 爱好　　**E** 终于　　**F** 兴趣

例如：**A**：你有什么（ **D** ）？

      B：我喜欢体育。

56. **A**：这是一个（　　）好的机会啊！
    B：是啊，你去那儿一定要好好儿学习。

57. **A**：您为什么选择这个工作？
    B：我从小就对游戏有（　　），我大学学的也和这个有关。

58. **A**：六年了，我（　　）有钱买房子了。
    B：真为你高兴，但如果是我，我就先买车。

59. **A**：我在三年级二（　　），你呢？
    B：我的汉语水平没你高，我还在一年级呢！

60. **A**：这儿的环境你（　　）吗？
    B：当然，旁边就是公园，前面有条小河，环境太美了！

第 三 部 分

第 61—70 题

例如：您是来参加今天会议的吗？您来早了一点儿，现在才 8 点半。您先进来坐吧。

★ 会议最可能几点开始？

A 8 点　　　　　　　　B 8 点半　　　　　　　　C 9 点　√

61. 每次遇到不明白的字词，我就把它记在本子上，然后自己查字典。我每天都会打开本子读读这些词，这样就能记住了。

★ "我"遇到不明白的字词：

A 马上问老师　　　　　B 大声读出来　　　　　C 自己查字典

62. 红茶、绿茶、花茶，中国有很多种茶。人们认为天冷的时候喝红茶好，天热的时候喝绿茶舒服。

★ 根据这段话，冬天可以多喝：

A 花茶　　　　　　　　B 红茶　　　　　　　　C 绿茶

63. 上班后工作太忙，没时间锻炼。上星期和朋友们一起去踢了一次足球，到现在我的腿还疼呢。

★ 上班后"我"：

A 很少运动　　　　　　B 有了新朋友　　　　　C 经常会生病

64. 每年夏天，这个花园城市都要举行"旅游节"，很多地方的人都来参加。人们来了都要喝这个城市有名的啤酒。

★ 这个城市：

A 夏天很热　　　　　　B 啤酒很有名　　　　　C 没有人来旅游

65. 过去，人们喜欢在报纸上看新闻。现在，越来越多的人喜欢在网上找新闻，但是有时候你不知道这些新闻是不是真的。

★ 网上的新闻：

A 很重要　　　　　　B 常常很奇怪　　　　　　C 有时不是真的

66. 从女儿一岁开始，每天睡觉前，我都会给她讲一个故事。听故事让她学到了很多东西，所以她说话说得很早，说的话也特别有意思。

★ "我"觉得故事让女儿：

A 睡得很好　　　　　　B 有了好习惯　　　　　　C 说话更有意思

67. 别难过了，这次没考好，是因为你生病了，下次你一定可以考好的。走，我们去唱歌吧。

★ 那个人为什么难过？

A 不想唱歌　　　　　　B 没有考好　　　　　　C 生大病了

68. 小孩儿吃东西的时候，常常吃得这儿也是，那儿也是，衣服上也不太干净。这时妈妈最好不要生气，这样可以让孩子早点儿学会自己吃饭。

★ 应该让孩子自己：

A 吃饭　　　　　　　　B 洗衣服　　　　　　　　C 去学校

69. 每次下课前，我都会让学生把下次要带的东西记在本子上。开始还是有学生会忘，时间长了，他们每次来上课前，都会看看本子，把东西都带来。

★ 现在"我"的学生：

A 忘记带本子　　　　　B 有了好习惯　　　　　　C 上课很认真

70. 小时候，别人都说我长得像我妈妈。现在，别人都说我笑起来跟我爸一样，但是，鼻子、眼睛长得还是很像我妈妈。

★ "我"：

A 鼻子不像妈妈　　　　B 小时候像爸爸　　　　　C 笑起来像爸爸

三、书　写

第一部分

第71—75题

例如：小船　　上　　一　　河　　条　　有

　　　<u>河上有一条小船。</u>

71. 十点　　已经　　了　　快　　现在

72. 房间　　宾馆　　多少　　你们　　有

73. 护照　　带　　忘了　　我

74. 空调　　打开　　你　　把　　吧

75. 一只　　小猫　　的　　可爱　　桌子上　　着　　坐

第 二 部 分

第 76—80 题

例如：没（关 guān）系，别难过，高兴点儿。

76. 在中国，星期天一般银行都开（门 mén）。

77. 我准备去机场接女朋（友 you）。

78. 洗（手 shǒu）间就在电梯的右边。

79. 这（双 shuāng）鞋已经旧了，该换了。

80. 这是送你的礼物，生日快（乐 lè）！

新汉语水平考试
HSK（三级）
全真模拟试题
（第3套）

注　　意

一、**HSK（三级）分三部分：**

1. 听力（40题，约35分钟）

2. 阅读（30题，30分钟）

3. 书写（10题，15分钟）

二、**听力结束后，有5分钟填写答题卡。**

三、**全部考试约90分钟（含考生填写个人信息时间5分钟）。**

中国　北京　　　　　　　　×××× / ××××××　编制

一、听 力

第 一 部 分

第 1—5 题

A

B

C

D

E

F

例如：男：喂，请问张经理在吗？

　　　女：他正在开会，您半个小时以后再打，好吗？   D

1.

2.

3.

4.

5.

— 1 —

第 6—10 题

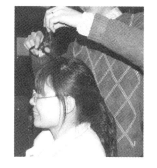

A

B

C

D

E

6. □

7. □

8. □

9. □

10. □

第 二 部 分

第 11—20 题

例如：为了让自己更健康，他每天都花一个小时去锻炼身体。

　　★ 他希望自己很健康。　　　　　　　　　　　　　　（ √ ）

　　今天我想早点儿回家。看了看手表，才 5 点。过了一会儿再看表，还是 5 点，我这才发现我的手表不走了。

　　★ 那块儿手表不是他的。　　　　　　　　　　　　（ × ）

11. ★ "我"很了解中国文化。　　　　　　　　　　　　（　）

12. ★ "我"的书已经还了。　　　　　　　　　　　　　（　）

13. ★ 儿子学习越来越差。　　　　　　　　　　　　　（　）

14. ★ 现在人们常换手机。　　　　　　　　　　　　　（　）

15. ★ 今天天气不太好。　　　　　　　　　　　　　　（　）

16. ★ 他们先看学校。　　　　　　　　　　　　　　　（　）

17. ★ 一感冒就吃药不好。　　　　　　　　　　　　　（　）

18. ★ 旅游点的东西比较贵。　　　　　　　　　　　　（　）

19. ★ 妈妈不会用电脑。　　　　　　　　　　　　　　（　）

20. ★ 春天"我"住的地方天气很好。　　　　　　　　　（　）

第 三 部 分

第21—30题

例如：男：小王，帮我开一下门，好吗？谢谢！

女：没问题。您去超市了？买了这么多东西。

问：男的想让小王做什么？

A 开门 √   B 拿东西   C 去超市买东西

21. A 不太好   B 提高了   C 非常好

22. A 爱看电视   B 没有工作   C 有点儿累

23. A 老师和学生   B 丈夫和妻子   C 妈妈和孩子

24. A 写作业   B 看邮件   C 拿护照

25. A 包里   B 桌子上   C 办公室

26. A 医生   B 老师   C 经理

27. A 长胖了   B 喜欢运动   C 在上大学

28. A 颜色漂亮   B 非常新鲜   C 有点儿贵

29. A 六点五十   B 七点   C 七点十分

30. A 坐出租车   B 坐地铁   C 走路

第 四 部 分

第31—40题

例如：女：晚饭做好了，准备吃饭了。

男：等一会儿，比赛还有三分钟就结束了。

女：快点儿吧，菜冷了就不好吃了。

男：你先吃，我马上就看完了。

问：男的在做什么？

A 洗澡　　　　　　B 吃饭　　　　　　C 看电视　√

31. A 要去国外了　　　B 工作成绩很好　　C 要见到孩子了

32. A 饭店　　　　　　B 公司　　　　　　C 体育馆

33. A 喜欢写书　　　　B 书没看完　　　　C 送男的书

34. A 春天　　　　　　B 冬天　　　　　　C 秋天

35. A 两双　　　　　　B 三双　　　　　　C 四双

36. A 今天　　　　　　B 星期六　　　　　C 下星期一

37. A 打错电话了　　　B 找女的有事　　　C 是小李同学

38. A 爬山　　　　　　B 休息　　　　　　C 去动物园

39. A 比较小心　　　　B 相信朋友　　　　C 想法很奇怪

40. A 图书馆　　　　　B 家里　　　　　　C 商店

二、阅 读

第 一 部 分

第 41—45 题

A 一个夏天不见，你怎么瘦了？

B 第一次见面我就喜欢上他了！

C 晚上一起吃饭吧，就在常去的那家咖啡店。

D 你别害怕，我下去看看。

E 当然。我们先坐公共汽车，然后换地铁。

F 你一般什么时候上网？

例如：你知道怎么去那儿吗？ （ **E** ）

41. 我下班回到家就把电脑打开。 （ ）
42. 我天天都去体育馆游泳。 （ ）
43. 奇怪，楼下怎么会有声音？ （ ）
44. 我可能晚一点儿，你先点菜。 （ ）
45. 你了解他吗？这么快就打算结婚了？ （ ）

第 46—50 题

A 你怎么不接我的电话？

B 你数学那么好，为什么选择学历史？

C 是啊，夏天短头发也更舒服。

D 我记得你放在桌上了，你再找找。

E 我回来的路上遇到大学同学了。

46. 我从小就对历史很有兴趣。（　　）
47. 我的护照是不是放在你的行李箱里了？（　　）
48. 你怎么不请他来家里吃饭？（　　）
49. 我如果头发短一点儿，是不是更好看？（　　）
50. 刚才我在洗手间，手机放外面了。（　　）

第 二 部 分

第51—55题

A 简单　　B 像　　C 附近　　D 空调　　E 声音　　F 层

例如：她说话的（ E ）多好听啊！

51. 几年不见，你真是越长越漂亮了，（　　）你姐姐一样。

52. （　　）开了半天了，怎么房间里还是这么热？

53. 这个书店真大，一共有五（　　）楼，环境也非常好。

54. 有些事看起来很（　　），但是做起来不一定很容易。

55. 学校（　　）的几家饭店都不错，我和几个老师中午常在外面吃。

第 56—60 题

      A 完成   B 只   C 块   D 爱好   E 要求   F 生气

例如：A：你有什么（ D ）？

      B：我喜欢体育。

56. A：现在的东西真是贵啊！
    B：是啊，我记得以前鸡蛋很便宜，现在要四（　　）多。

57. A：今年你选了多少课？
    B：今年我在校外找了个工作，所以（　　）选了两门课。

58. A：你对我们公司的服务还有什么（　　）？
    B：没有了，我没想到的你们都为我想到了，我很满意。

59. A：女儿是不是又跟你（　　）了？见到我也不说话。
    B：刚才她在玩儿游戏，我不让她玩儿，她当然不高兴了。

60. A：你都写了三个小时了，作业还没（　　）吗？
    B：主要是我上课没听清楚，好多地方不明白。

第 三 部 分

第 61—70 题

例如：您是来参加今天会议的吗？您来早了一点儿，现在才 8 点半。您先进来坐吧。

★ 会议最可能几点开始？

A 8 点　　　　　　　　B 8 点半　　　　　　　　C 9 点 √

61. 我家的老猫经常跑出去玩儿，每次我都能在花园的树下找到它，它累了就在树下睡觉。

★ 那只老猫喜欢睡在：

A 门口　　　　　　　　B 树下　　　　　　　　C 公园里

62. 这几天都在下雨，不下雨也是多云，我觉得今年的中秋节很可能看不到月亮了。

★ 根据这段话，可以知道最近：

A 春节到了　　　　　　B 月亮很大　　　　　　C 常常下雨

63. 那个地方以前环境很好，有山有河有绿树，城市里的人都会在节日去那里旅游。但是旅游的人多了，环境就慢慢变差了。

★ 那个地方：

A 就在城市里　　　　　B 旅游的人很多　　　　C 环境一直很好

64. 听说你儿子考上北京大学了，我真为你们家高兴！我儿子明年也要考大学了，等你儿子不忙的时候，让我儿子跟他学习学习。

★ "我"儿子怎么了？

A 特别高兴　　　　　　B 要考大学了　　　　　C 还是小学生

65. 外国人在中国点菜,不认识汉字也不用担心。因为现在很多饭店的菜单上都有菜的照片,看着照片点菜,就不怕点错了。
    ★ 现在很多饭店:
    A 菜烧得非常好   B 有很多外国人   C 菜单上有照片

66. 虽然这个问题很小,但非常重要,所以必须马上解决,我们今天的会议就是请大家拿出一个好办法。
    ★ 这个问题:
    A 特别重要   B 不能解决   C 明天再说

67. 世界真的很小,这儿离上海那么远,没想到还能遇到你。我全家现在都在这儿,晚上到我家来吧,我请你吃饭。
    ★ "我"请朋友:
    A 帮助自己   B 解决问题   C 到家里吃饭

68. 有的中年人认为自己不感冒不生病,身体就很健康。其实,过了40岁的人,身体在慢慢地变老,最好能每年检查一次身体,这样可以早早地发现一些问题。
    ★ 中年人最好:
    A 不要感冒   B 工作不要太累   C 每年检查身体

69. 虽然现在手机可以上网,可以查地图,但是我还是喜欢每去一个地方都买张地图。我觉得纸的地图看起来更方便,也更习惯。
    ★ 我觉得纸的地图:
    A 看着更方便   B 不习惯   C 比较便宜

70. 这个果盘上面画了花和葡萄,真是太漂亮了。特别是葡萄,在太阳下一看,我还以为是真的呢。
    ★ 这个果盘上画着:
    A 小鸟   B 太阳   C 葡萄

三、书 写

第 一 部 分

第 71—75 题

例如：小船　　上　　一　　河　　条　　有

　　　<u>河上有一条小船。</u>

71. 吧　　去　　我们　　一起

72. 没有　　了　　完　　写　　你

73. 好听　　真　　唱　　你的歌　　得

74. 我们　　办法　　个　　好　　想　　必须

75. 玩儿　　她家　　去　　我　　叫　　小红　　明天

第 二 部 分

第76—80题

例如：没（关 guān）系，别难过，高兴点儿。

76. 附近的超（shì　）一直开到晚上十二点。

77. 左边的（diàn　）梯只到十八层，你最好坐右边的。

78. 这个新闻节（mù　）说的是酒后开车的事。

79. 别害怕，其实表演很简（dān　）。

80. 那位司机（fā　）现了我的包。

新汉语水平考试
HSK（三级）
全真模拟试题
（第4套）

注　　意

一、HSK（三级）分三部分：

  1. 听力（40题，约35分钟）

  2. 阅读（30题，30分钟）

  3. 书写（10题，15分钟）

二、听力结束后，有**5分钟**填写答题卡。

三、全部考试约90分钟（含考生填写个人信息时间5分钟）。

中国　北京　　　　　　　　×××× / ××××××　编制

一、听 力

第 一 部 分

第1—5题

A

B

C

D

E

F

例如：男：喂，请问张经理在吗？

女：他正在开会，您半个小时以后再打，好吗？   D

1. ☐
2. ☐
3. ☐
4. ☐
5. ☐

第 6—10 题

A 　　　　　B

C 　　　　　D

E

6. □

7. □

8. □

9. □

10. □

第 二 部 分

第 11—20 题

例如：为了让自己更健康，他每天都花一个小时去锻炼身体。

　　★ 他希望自己很健康。　　　　　　　　　　　　　　　（ √ ）

　　今天我想早点儿回家。看了看手表，才 5 点。过了一会儿再看表，还是 5 点，我这才发现我的手表不走了。

　　★ 那块儿手表不是他的。　　　　　　　　　　　　　　（ × ）

11. ★ "我"觉得狗很聪明。　　　　　　　　　　　（　　）

12. ★ 房子越来越贵。　　　　　　　　　　　　　（　　）

13. ★ "我"对学生不太好。　　　　　　　　　　　（　　）

14. ★ 今天是姐姐的生日。　　　　　　　　　　　（　　）

15. ★ 机会出现后再做准备。　　　　　　　　　　（　　）

16. ★ 这家咖啡店在公园里。　　　　　　　　　　（　　）

17. ★ 弟弟正在看电视呢。　　　　　　　　　　　（　　）

18. ★ "我"妻子最近爱学做菜。　　　　　　　　　（　　）

19. ★ 这是一张旧地图。　　　　　　　　　　　　（　　）

20. ★ 白色让人觉得很快乐。　　　　　　　　　　（　　）

第 三 部 分

第 21—30 题

例如：男：小王，帮我开一下门，好吗？谢谢！

女：没问题。您去超市了？买了这么多东西。

问：男的想让小王做什么？

    A 开门 ✓   B 拿东西   C 去超市买东西

21. A 他早就知道了   B 小红没告诉他   C 报纸上说了

22. A 生女的气   B 比较关心   C 不太热情

23. A 商店   B 水果店   C 洗衣店

24. A 考得不太好   B 觉得考试难   C 认真准备了

25. A 做晚饭   B 找手机   C 去公司

26. A 一个月   B 两个月   C 三个月

27. A 面包   B 面条儿   C 米饭

28. A 太甜   B 舒服   C 新鲜

29. A 歌唱得不好   B 不喜欢音乐   C 想学习数学

30. A 路不好走   B 要下雨   C 没有运动鞋

第 四 部 分

第 31—40 题

例如：女：晚饭做好了，准备吃饭了。

男：等一会儿，比赛还有三分钟就结束了。

女：快点儿吧，菜冷了就不好吃了。

男：你先吃，我马上就看完了。

问：男的在做什么？

A 洗澡　　　　　　　B 吃饭　　　　　　　C 看电视　√

31. A 生病了　　　　　B 参加比赛了　　　　C 照顾孩子了

32. A 检查行李　　　　B 选行李箱　　　　　C 放行李

33. A 车站　　　　　　B 书店　　　　　　　C 图书馆

34. A 想去玩儿　　　　B 做电视节目　　　　C 想了解不同的文化

35. A 报纸　　　　　　B 照片　　　　　　　C 裙子

36. A 司机　　　　　　B 厨师　　　　　　　C 老师

37. A 瘦了　　　　　　B 很累　　　　　　　C 不太健康

38. A 是北方人　　　　B 让人害怕　　　　　C 担心男的

39. A 用电脑　　　　　B 看电视　　　　　　C 打手机

40. A 看姐姐　　　　　B 去旅游　　　　　　C 开会

— 5 —

二、阅 读

第 一 部 分

第41—45题

A 你刚才放在报纸上了。

B 这个夏天他怎么不回老家了？

C 等一下，我把电视声音关小一点儿。

D 阿姨，您做的菜真好吃！

E 当然。我们先坐公共汽车，然后换地铁。

F 我没收到啊。

例如：你知道怎么去那儿吗？　　　　　　　　　　　　　　　（ **E** ）

41. 他工作还没找好，所以不打算回去了。　　　　　　　　　（　）

42. 我想问你点儿工作上的事。　　　　　　　　　　　　　　（　）

43. 你怎么没回我的电子邮件？　　　　　　　　　　　　　　（　）

44. 那你以后常来玩儿，我再做给你吃。　　　　　　　　　　（　）

45. 我眼镜又找不到了，你看见了吗？　　　　　　　　　　　（　）

第 46—50 题

A 医生写的字你看得懂吗?

B 你坐电梯上十九楼,出来右边第一间就是。

C 现在孩子的作业真难啊!

D 第一次见面,每个人介绍一下自己吧。

E 晚上我请你们吃饭,大家一起高兴一下。

46. 大家好,我叫张天。　　　　　　　　　　　（　）

47. 请问经理办公室在哪儿?　　　　　　　　　（　）

48. 小学五年级的问题我都回答不上来。　　　　（　）

49. 节目终于完成了!太不容易了。　　　　　　（　）

50. 看不懂,但他能看好我的病。　　　　　　　（　）

第 二 部 分

第 51—55 题

A 结束　　B 礼物　　C 种　　D 作用　　E 声音　　F 认真

例如：她说话的（ E ）多好听啊！

51. 故事还没有（　　），每个孩子都可以自己来完成它。

52. 手机的（　　）越来越多，除了打电话，还能上网、照相。

53. 中国人认为（　　）的多少不重要，表示自己的关心最重要。

54. 虽然他不太聪明，但是做事情非常（　　）。

55. 以后的孩子可能最少都会两（　　）语言。

第 56—60 题

   A 从 **B** 游戏 **C** 需要 **D** 爱好 **E** 安静 **F** 其他

例如：**A**：你有什么（ **D** ）？

   B：我喜欢体育。

56. **A**：天地花园，地图上有吗？
  B：等等，找到了，（ ）这儿向西一直走到路口就到了。

57. **A**：昨天那个男孩儿你满意吗？
  B：别的我都挺满意的，就是有点儿太（ ）了。

58. **A**：你是不是遇到什么难题了？（ ）帮忙吗？
  B：谢谢，我已经解决了。

59. **A**：我们超市没有太阳眼镜，您去（ ）的超市看看吧。
  B：好的，谢谢！

60. **A**：你周末一般干吗？
  B：我一般在家休息，有时候玩儿玩儿电脑（ ）。

第 三 部 分

第 61—70 题

例如：您是来参加今天会议的吗？您来早了一点儿，现在才 8 点半。您先进来坐吧。

　　★ 会议最可能几点开始？

　　　A 8 点　　　　　　　B 8 点半　　　　　　　C 9 点　√

61. 我奶奶八十多了，很多事还是自己做。每天她起得都很早，起来后就把家里打扫得干干净净的。

　　★ "我"奶奶：

　　　A 身体不太好　　　B 每天都打扫房间　　C 起得非常晚

62. 手机对身体有没有影响，这很难说。但是最好不要把手机放在耳朵边接电话，还有就是不要让孩子多玩儿手机。

　　★ 用手机时要注意：

　　　A 声音不要大　　　B 放在耳朵边　　　　C 孩子别多玩儿

63. 上海有一种红色的旅游车，车有上下两层，它会带你去上海一些有名的地方，买了票以后一天里什么时候都可以上车。

　　★ 上海的旅游车：

　　　A 不用买票　　　　B 一共两层　　　　　C 非常有名

64. 我生病的时候他照顾我，我不高兴的时候他想办法让我快乐，所以虽然他没什么钱，我还是愿意和他结婚，做他的妻子。

　　★ "我"为什么想和他结婚？

　　　A 他有钱　　　　　B 他关心"我"　　　　C 希望他快乐

65. 每个人都会遇到很多难事，如果总是一个人去解决这些问题，这会让人很头疼。这时，朋友的作用就非常重要。有时候跟朋友说说自己的事，他们可能会给你很多帮助。

　　★ 遇到难事的时候：

　　　A 一个人解决　　　B 可能影响身体　　　C 可以去找朋友

66. 小孩儿一般在七八个月的时候会叫"爸爸"或者"妈妈"，一岁多开始用一些简单的词语来表示自己的意思，这些词语常常只有两三个字。

　　★ 小孩儿一般一岁多时会：

　　　A 说一两个字　　　B 说简单的词　　　C 叫爸爸妈妈

67. 这个地方夏天常常下雨，所以这里的人都习惯出门的时候带上伞。开车的人也会在车里放上伞。

　　★ 这里的人习惯：

　　　A 开车　　　　　　B 带伞　　　　　　C 穿雨鞋

68. 人们常说："有时间的时候没有钱，有钱的时候没时间。"以前我不明白这句话。工作后我有钱了，但是总是没时间出去玩儿，才明白了这句话的意思。

　　★ "我"工作以后：

　　　A 特别忙　　　　　B 常出去旅游　　　C 觉得没意思

69. 以前弟弟一直比我矮，到了中学的时候，他经常打篮球，突然长得很快，现在他已经一米八了。

　　★ 弟弟现在：

　　　A 比"我"高　　　B 爱踢足球　　　　C 上小学了

70. 我对过去的事情都特别有兴趣，所以我选择了学历史。虽然后来开了公司，做的事跟历史没什么关系，但一直喜欢看历史故事。

　　★ "我"很可能是：

　　　A 历史老师　　　　B 公司经理　　　　C 写故事的人

三、书 写

第 一 部 分

第 71—75 题

例如：小船 上 一 河 条 有

河上有一条小船。

71. 一会儿 了 睡 他

72. 杯子 那个 我 是 的

73. 个 多少 学校 你们 有 学生

74. 中间 站 在 他 教室 的

75. 衣服 一件 有 也 我 白色的

第 二 部 分

第 76—80 题

例如：没（ 关 ）系，别难过，高兴点儿。

76. 我出去旅游前都会上（　　）查一下地图。

77. 每年这个城（　　）都会举行音乐会。

78. 不高（　　）的事情最好都忘记。

79. 喝咖啡时我喜欢在里面放一（　　）糖。

80. 我最喜欢的季节是（　　）天。

新汉语水平考试
HSK（三级）
全真模拟试题
（第5套）

注　意

一、HSK（三级）分三部分：

　　1. 听力（40题，约35分钟）

　　2. 阅读（30题，30分钟）

　　3. 书写（10题，15分钟）

二、**听力结束后，有5分钟填写答题卡。**

三、全部考试约90分钟（含考生填写个人信息时间5分钟）。

中国　北京　　　　　　　　　××××/×××××× 编制

一、听 力

第 一 部 分

第 1—5 题

A
B
C
D
E
F

例如：男：喂，请问张经理在吗？

女：他正在开会，您半个小时以后再打，好吗？　　D

1.

2.

3.

4.

5.

第 6—10 题

A

B

C

D

E

6. ☐

7. ☐

8. ☐

9. ☐

10. ☐

第 二 部 分

第 11—20 题

例如：为了让自己更健康，他每天都花一个小时去锻炼身体。

★ 他希望自己很健康。 （ √ ）

今天我想早点儿回家。看了看手表，才5点。过了一会儿再看表，还是5点，我这才发现我的手表不走了。

★ 那块儿手表不是他的。 （ × ）

11. ★ 房间里也很冷。 （ ）

12. ★ 孩子不能吃太多蛋糕。 （ ）

13. ★ "我"喜欢用电子邮件。 （ ）

14. ★ 他对中国文化很有兴趣。 （ ）

15. ★ "我"最喜欢春天。 （ ）

16. ★ 只有夏天才应该多喝水。 （ ）

17. ★ 地图对"我"有帮助。 （ ）

18. ★ "我"每天都在图书馆学习。 （ ）

19. ★ "我"喜欢这个邻居。 （ ）

20. ★ 爷爷奶奶身体很健康。 （ ）

第 三 部 分

第 21—30 题

例如：男：小王，帮我开一下门，好吗？谢谢！

女：没问题。您去超市了？买了这么多东西。

问：男的想让小王做什么？

A 开门 ✓　　　　　　B 拿东西　　　　　　C 去超市买东西

21. A 2 岁　　　　　　B 10 岁　　　　　　C 18 岁

22. A 吃葡萄　　　　　B 买葡萄　　　　　　C 洗葡萄

23. A 爬山　　　　　　B 买帽子　　　　　　C 骑自行车

24. A 糖不好吃　　　　B 刷过牙了　　　　　C 家里没有糖

25. A 女的　　　　　　B 男的　　　　　　　C 经理的

26. A 教室　　　　　　B 宾馆　　　　　　　C 图书馆

27. A 一年级　　　　　B 二年级　　　　　　C 三年级

28. A 绿色的伞　　　　B 黄色的包　　　　　C 红色的表

29. A 漂亮的　　　　　B 聪明的　　　　　　C 可爱的

30. A 星期五　　　　　B 星期六　　　　　　C 星期日

第 四 部 分

第 31—40 题

例如：女：晚饭做好了，准备吃饭了。

男：等一会儿，比赛还有三分钟就结束了。

女：快点儿吧，菜冷了就不好吃了。

男：你先吃，我马上就看完了。

问：男的在做什么？

A 洗澡 B 吃饭 C 看电视 ✓

31. A 身体不好 B 没写作业 C 忘了时间

32. A 银行 B 机场 C 公园

33. A 很会照顾人 B 不放心妈妈 C 坐火车出门

34. A 手机 B 电脑 C 照相机

35. A 没有电梯 B 离公司远 C 坐车不方便

36. A 医生 B 校长 C 司机

37. A 同事 B 同学 C 男女朋友

38. A 吃的 B 住的 C 天气

39. A 新闻 B 体育 C 音乐

40. A 七点十五分 B 七点半 C 七点四十五分

二、阅 读

第 一 部 分

第 41—45 题

A 你发现了吗？她一见到你就脸红。

B 这个游戏很有意思，你能教教我吗？

C 你慢慢儿就会了解这个城市的。

D 妈妈，我那条蓝色的短裙呢？

E 当然。我们先坐公共汽车，然后换地铁。

F 那是因为她们很认真，很努力。

例如：你知道怎么去那儿吗？　　　　　　　　　　　　　（ E ）

41. 帮你洗干净放床上了。　　　　　　　　　　　　　　（　）

42. 我们班数学成绩好的都是女同学。　　　　　　　　　（　）

43. 其实很容易的，你玩儿一会儿就会了。　　　　　　　（　）

44. 我昨天才来，还分不清东西南北呢。　　　　　　　　（　）

45. 这表示她喜欢你。　　　　　　　　　　　　　　　　（　）

第46—50题

A 你能帮我想个办法吗?

B 你买了一辆新车啊,旧的呢?

C 大大的眼睛,高高的鼻子,长长的头发。

D 我吃了一个星期了,感冒还是没好。

E 今天的练习这么难,你都做对了?

46. 别着急,这件事我来解决。　　　　　　　　　　( )

47. 卖了,这车二十万呢,要不哪有那么多钱?　　　( )

48. 这种药有作用吗?　　　　　　　　　　　　　　( )

49. 是啊,新来的刘老师讲课清楚明白。　　　　　　( )

50. 你跟我说说她长什么样。　　　　　　　　　　　( )

第 二 部 分

第51—55题

A 画　　B 经过　　C 关　　D 突然　　E 声音　　F 眼镜

例如：她说话的（ E ）多好听啊！

51. 我打算换一个（　　），黑板上的字我看不清楚了。

52. 我正在洗澡，洗手间里的灯（　　）坏了。

53. （　　）三天的努力，我们终于完成了工作。

54. 女儿用铅笔（　　）了一个漂亮的花园。

55. 请帮我（　　）一下门，刮风了。

第 56—60 题

　　　A 楼　　B 节日　　C 愿意　　D 爱好　　E 热情　　F 还是

例如：A：你有什么（ D ）？

　　　B：我喜欢体育。

56. A：我想问问你，你（　　）跟我结婚吗？
　　B：当然，我等这句话已经等了一年了。

57. A：今天银行、商店怎么都不开门？
　　B：今天是中国最大的（　　）——春节。

58. A：你住在这个大（　　）里吗？
　　B：对，我住在第三层。

59. A：买这种蓝色的盘子（　　）那种黄色的？
　　B：蓝色的很漂亮，而且比黄色的便宜。

60. A：你觉得小王这个人怎么样？
　　B：很好啊，对谁都很（　　）。

第 三 部 分

第 61—70 题

例如：您是来参加今天会议的吗？您来早了一点儿，现在才 8 点半。您先进来坐吧。

★ 会议最可能几点开始？

A 8 点　　　　　　B 8 点半　　　　　　C 9 点 ✓

61. 这张照片是十年前照的，我站在爸爸妈妈中间，那时候我还很矮，才一米多。

★ 谁站在中间？

A "我"　　　　　　B 爸爸　　　　　　C 妈妈

62. 这是我们市最长的河，河水很干净，河两边有很多大树。环境很好，但过去不是这样的。

★ 过去，这里：

A 非常干净　　　　B 环境不好　　　　C 人多极了

63. 小时候爸爸妈妈对我的要求是：好好学习，天天向上。意思是要努力学习，每天都有提高，得到更好的成绩。

★ 爸爸妈妈希望"我"：

A 学习好　　　　　B 身体好　　　　　C 工作好

64. 2011 年 8 月 11 日，世界大学生运动会在中国深圳举行，一共有 152 个国家的八千多位大学生来到深圳。这次大学生运动会举行了 12 天，8 月 22 日结束。

★ 大学生运动会举行了：

A 11 天　　　　　　B 12 天　　　　　　C 22 天

65. 来中国后我第一次看到筷子,我觉得用它吃东西很方便,特别是吃面条儿;而且我同意中国人说的,多用筷子会变得聪明。
    ★ 多用筷子可以:
    A 长得很胖　　　　　B 吃得更快　　　　　C 变得聪明

66. 小时候,在我们北方香蕉是一种很贵的水果,但生病的时候爸爸会买给我吃,所以那个时候为了能吃到香蕉,我希望自己天天都生病。
    ★ 小时候,"我"希望自己生病是因为:
    A 能吃到香蕉　　　　B 不用去学校　　　　C 可以在家玩儿

67. 虽然他是个外国人,但他的普通话说得好极了。如果你知道他的妻子是一位教汉语的中国人,就不会觉得奇怪了。
    ★ 关于他,我们可以知道:
    A 喜欢学汉字　　　　B 普通话不好　　　　C 妻子是老师

68. 从小我就特别喜欢看天上的太阳、月亮和白白的云,我丈夫也这样,我们有很多相同的爱好,我觉得他是上天送给我的最好的礼物。
    ★ "我"喜欢看:
    A 小鸟　　　　　　　B 月亮　　　　　　　C 大树

69. 我家有五口人,除了我,其他人都是老师,爸爸妈妈是中学老师,丈夫是大学老师,女儿读完大学,马上要去一个小学做老师了。
    ★ "我"家有几位老师?
    A 四位　　　　　　　B 五位　　　　　　　C 六位

70. 这个故事告诉我们,你关心别人,别人才会关心你。你经常帮别人的忙,别人才会在你需要的时候帮助你。
    ★ 根据这段话,我们应该:
    A 多听故事　　　　　B 相信自己　　　　　C 关心别人

三、书 写

第 一 部 分

第 71—75 题

例如：小船　上　一　河　条　有

<u>河上有一条小船。</u>

71. 不喝　啤酒　我　一般

72. 决定　不　阿姨　了　去

73. 请　学习　我　影响　别

74. 被　他　一　了　脚　踢

75. 件　姐姐　事　难过　让　特别　这

第 二 部 分

第 76—80 题

例如：没 (关) 系，别难过，高兴点儿。
　　　　　guān

76. 我不是不想去，(　　) 要是最近太忙了。
　　　　　　　　　　zhǔ

77. 外面下雪了，你开车小 (　　) 点儿。
　　　　　　　　　　　　　xīn

78. 我还 (　　) 为你生气了呢。
　　　　　yǐ

79. 这条街道在北京很有 (　　)。
　　　　　　　　　　　　míng

80. 你复 (　　) 得那么好，我相信你一定能考好。
　　　　　xí

新汉语水平考试
HSK（三级）
全真模拟试题
（第6套）

注　意

一、HSK（三级）分三部分：

1. 听力（40题，约35分钟）

2. 阅读（30题，30分钟）

3. 书写（10题，15分钟）

二、听力结束后，有5分钟填写答题卡。

三、全部考试约90分钟（含考生填写个人信息时间5分钟）。

中国　北京　　　　　　　××××/××××××　　编制

一、听 力

第 一 部 分

第1—5题

例如：男：喂，请问张经理在吗？

女：他正在开会，您半个小时以后再打，好吗？ D

1.
2.
3.
4.
5.

第 6—10 题

A

B

C

D

E

6.

7.

8.

9.

10.

第 二 部 分

第 11—20 题

例如：为了让自己更健康，他每天都花一个小时去锻炼身体。

　　★ 他希望自己很健康。　　　　　　　　　　　　　　(✓)

　　今天我想早点儿回家。看了看手表，才 5 点。过了一会儿再看表，还是 5 点，我这才发现我的手表不走了。

　　★ 那块儿手表不是他的。　　　　　　　　　　　　(✗)

11. ★ 阿姨一个星期工作六天。　　　　　　　　　　　(　　)
12. ★ 儿子不喜欢住宾馆。　　　　　　　　　　　　　(　　)
13. ★ 他们正在搬家里的东西。　　　　　　　　　　　(　　)
14. ★ 爷爷奶奶喜欢小狗。　　　　　　　　　　　　　(　　)
15. ★ 妈妈经常锻炼。　　　　　　　　　　　　　　　(　　)
16. ★ "我"住在北方。　　　　　　　　　　　　　　(　　)
17. ★ "我"希望别人帮"我"解决问题。　　　　　　(　　)
18. ★ "我"请朋友帮"我"借一本字典。　　　　　　(　　)
19. ★ 女儿喜欢熊猫。　　　　　　　　　　　　　　　(　　)
20. ★ "我"还在回家的路上。　　　　　　　　　　　(　　)

第三部分

第21—30题

例如：男：小王，帮我开一下门，好吗？谢谢！

女：没问题。您去超市了？买了这么多东西。

问：男的想让小王做什么？

　　　　A 开门　 ✓　　　　　B 拿东西　　　　　C 去超市买东西

21. A 不能照相　　　　　B 汽车坏了　　　　　C 这儿不漂亮

22. A 校长　　　　　　　B 司机　　　　　　　C 医生

23. A 饭店　　　　　　　B 火车站　　　　　　C 办公室

24. A 喝酒了　　　　　　B 生病了　　　　　　C 哭了

25. A 男的　　　　　　　B 女的　　　　　　　C 阿姨

26. A 安静点儿　　　　　B 认真点儿　　　　　C 小心点儿

27. A 两点　　　　　　　B 四点　　　　　　　C 六点

28. A 很容易　　　　　　B 太难了　　　　　　C 很奇怪

29. A 飞飞不听话　　　　B 男的很聪明　　　　C 他相信飞飞

30. A 2个　　　　　　　 B 7个　　　　　　　 C 9个

第 四 部 分

第 31—40 题

例如：女：晚饭做好了，准备吃饭了。

男：等一会儿，比赛还有三分钟就结束了。

女：快点儿吧，菜冷了就不好吃了。

男：你先吃，我马上就看完了。

问：男的在做什么？

A 洗澡　　　　　　　B 吃饭　　　　　　　C 看电视　√

31. A 今天过生日　　　B 不会做蛋糕　　　C 很担心男的

32. A 15 岁　　　　　　B 50 岁　　　　　　C 65 岁

33. A 矮的　　　　　　B 高的　　　　　　C 新的

34. A 照照片　　　　　B 吃面条儿　　　　C 看月亮

35. A 数学不太好　　　B 很想做老师　　　C 不喜欢画画儿

36. A 花园里　　　　　B 电梯里　　　　　C 会议室里

37. A 妈　　　　　　　B 姐　　　　　　　C 吗

38. A 穿裤子方便　　　B 女的没裙子　　　C 跟别人不同

39. A 运动　　　　　　B 买菜　　　　　　C 做饭

40. A 邻居　　　　　　B 同学　　　　　　C 同事

二、阅 读

第 一 部 分

第41—45题

A 我给他写了电子邮件，但他一直没回我。

B 我觉得自己短头发更漂亮，你觉得呢？

C 四个人，请先给我看一下菜单。

D 外面刮风了，可能要下雨，你带把伞吧。

E 当然。我们先坐公共汽车，然后换地铁。

F 他忙得几乎没时间睡觉，能不瘦吗？

例如：你知道怎么去那儿吗？ （ E ）

41. 我发现老张最近瘦了很多。 （ ）

42. 请问你们几位？ （ ）

43. 我听说他在那儿上网不方便。 （ ）

44. 同意，而且夏天短一点儿舒服。 （ ）

45. 不用，如果下雨我就坐出租车回来。 （ ）

第 46—50 题

A 新来的邻居人怎么样啊？

B 我正在等行李箱呢，马上出来。

C 这个黄色的游泳帽是给我的吗？

D 没办法，回去拿吧，没有护照上不了飞机。

E 比赛六点一刻开始，没时间吃晚饭了。

46. 没关系，我买两个面包带着吧。　　　　　　　　（　）

47. 你在哪儿？我已经到机场了。　　　　　　　　　（　）

48. 护照被我忘在家里了，怎么办？　　　　　　　　（　）

49. 两个都是新买的，你选一个喜欢的颜色吧。　　　（　）

50. 不错，是个很热情的人。　　　　　　　　　　　（　）

第 二 部 分

第51—55题

    A 有名   **B** 提高   **C** 黑板   **D** 信   **E** 声音   **F** 出现

例如：她说话的（ **E** ）多好听啊！

51. 跟电子邮件比，我更喜欢用纸写（　　）。

52. 我来中国一年了，这一年来我的汉语水平（　　）了很多。

53. 每次我需要帮助的时候，他都是第一个（　　）在我身边。

54. 这儿的茶特别（　　），你买点儿带回去送给朋友吧。

55. 大家不要说话了，请看（　　）。

第 56—60 题

A 迟到 B 辆 C 放心 D 爱好 E 然后 F 渴

例如：A：你有什么（ D ）？

　　　B：我喜欢体育。

56. A：小张，能借我两万块钱吗？我有急用。
　　B：真对不起，我上个月换了一（　　）新车，现在没钱。

57. A：妈妈，我太（　　）了，快给我一杯水。
　　B：你终于回来了，这一天都去哪儿了？

58. A：儿子他们班的表演几点开始啊？
　　B：六点，你早点儿下班吧，别（　　）了。

59. A：明天就考试了，都复习好了吗？
　　B：（　　），早就复习好了。

60. A：这次旅游你打算去哪些地方？
　　B：我先去上海，（　　）去南京，从南京回北京。

第 三 部 分

第 61—70 题

例如：您是来参加今天会议的吗？您来早了一点儿，现在才 8 点半。您先进来坐吧。

　　★ 会议最可能几点开始？

　　　　A 8 点　　　　　　　　B 8 点半　　　　　　　　C 9 点　√

61. 我的普通话说得比较差，要多练习，希望大家多帮助我。

　　★ "我"希望大家：

　　　　A 都说普通话　　　B 多多帮助"我"　　　C 练习说汉语

62. 对狗来说，鼻子比眼睛、耳朵的作用更大，它可以帮狗找吃的东西，还能帮狗找到回家的路。

　　★ 对狗来说什么最重要？

　　　　A 鼻子　　　　　　B 眼睛　　　　　　　　C 耳朵

63. 我习惯一边听音乐一边写作业，音乐不会影响我学习，它能让我更好地完成作业。

　　★ 听音乐：

　　　　A 使"我"很快乐　　B 影响"我"学习　　　C 能写好作业

64. 我对新买的房子特别满意，虽然离公司比较远，但房子附近有小河，也有大树，每天早上都能听到小鸟的叫声，这里的云也比城里的白多了，住在这里一定会很健康的。

　　★ "我"新买的房子：

　　　　A 离公司远　　　　B 环境不好　　　　　　C 小鸟太多

65. 以前去银行办事，如果人很多要站着等；现在不一样了，银行里有舒服的椅子，椅子旁边有报纸，有的银行还有糖或者茶水，你可以一边喝茶看报纸一边等，这样就会觉得时间过得很快。

　　★ 现在的银行放报纸是为了让人：

　　A 买报纸　　　　　B 了解新闻　　　　　C 不要着急

66. 从地图来看，我们离山脚下不太远了，快点儿走吧，老张他们已经在那儿等我们了。秋天是这儿最好的季节，从山上向下看特别漂亮。

　　★ 他们可能要去：

　　A 爬山　　　　　　B 买地图　　　　　　C 骑自行车

67. 中国有句老话叫"世上无难事，只怕有心人"，是说世界上没有难事儿，只要你努力去做，什么事情都能做好。

　　★ 这段话告诉我们：

　　A 世界上没有难事　B 要努力做每件事　　C 老话都说得很对

68. 张老师，我的腿不知道为什么突然疼起来了，我想去医院看一下，今天的体育课不能上了，希望您能同意。

　　★ "我"希望张老师：

　　A 让"我"去医院　　B 别上体育课　　　　C 跟"我"一起去

69. 我们是同班同学，她是个很安静的女孩儿，我喜欢说喜欢笑，而且我们的兴趣爱好也很不一样，很多人都奇怪为什么我们能变成最好的朋友。

　　★ "我"和她：

　　A 都很安静　　　　B 爱好相同　　　　　C 是好朋友

70. 孩子两三岁就应该开始刷牙了，每天早晚两次，每次刷三分钟。刷牙的水不要太冷也不要太热，如果孩子天天都能把牙刷干净，就会有一口健康、漂亮的牙。

　　★ 刷牙应该：

　　A 刷两分钟　　　　B 用热水　　　　　　C 从两三岁开始

三、书 写

第 一 部 分

第 71—75 题

例如：小船　　上　　一　　河　　条　　有

　　　<u>河上有一条小船。</u>

71. 他　　吃饭　　在家　　一般

72. 故事　　我　　喜欢　　历史　　看

73. 跟　　吗　　你　　比赛　　敢　　我

74. 看　　他　　奇怪　　我　　着　　地

75. 我　　的　　成绩　　他　　低　　两分　　比

第 二 部 分

第76—80题

例如：没（关 guān）系，别难过，高兴点儿。

76. 我新买的那个（　bāo　）是红色的。

77. 找您八块钱，这是您的（　dōng　）西，请拿好。

78. 明天的（　huì　）议在哪儿举行？

79. 这两种词典都不错，买哪本都（　kě　）以。

80. 这种游戏没什么意思，我想不明（　bai　）为什么会有那么多人喜欢？

新汉语水平考试
HSK（三级）
全真模拟试题
（第7套）

注　意

一、HSK（三级）分三部分：

1. 听力（40题，约35分钟）

2. 阅读（30题，30分钟）

3. 书写（10题，15分钟）

二、听力结束后，有5分钟填写答题卡。

三、全部考试约90分钟（含考生填写个人信息时间5分钟）。

中国　北京　　　　　　　　　××××/××××××　编制

一、听 力

第 一 部 分

第1—5题

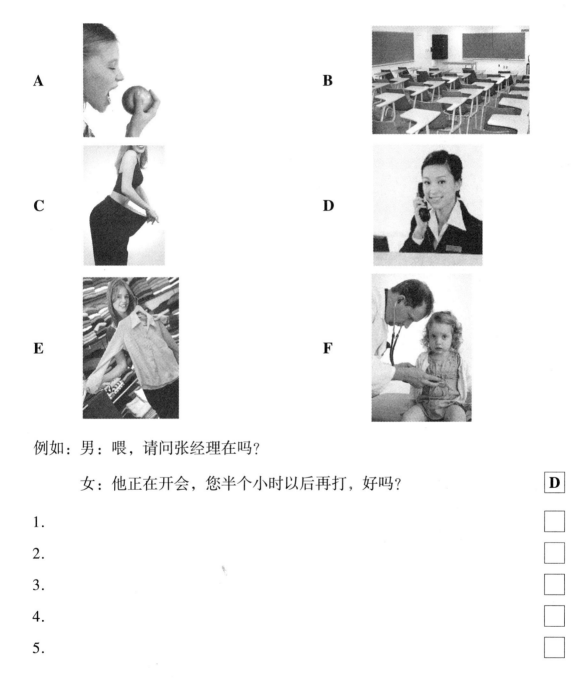

例如：男：喂，请问张经理在吗？

女：他正在开会，您半个小时以后再打，好吗？   **D**

1. ☐
2. ☐
3. ☐
4. ☐
5. ☐

第 6—10 题

A

B

C

D

E

6. ☐

7. ☐

8. ☐

9. ☐

10. ☐

第 二 部 分

第 11—20 题

例如：为了让自己更健康，他每天都花一个小时去锻炼身体。

★ 他希望自己很健康。　　　　　　　　　　　　　　（ √ ）

今天我想早点儿回家。看了看手表，才 5 点。过了一会儿再看表，还是 5 点，我这才发现我的手表不走了。

★ 那块儿手表不是他的。　　　　　　　　　　　　（ × ）

11. ★ 他不喜欢颜色特别的花儿。　　　　　　　　　　（　）
12. ★ "我"决定坐地铁去。　　　　　　　　　　　　（　）
13. ★ "我"早上七点十分起床。　　　　　　　　　　（　）
14. ★ "我"是这个公司的经理。　　　　　　　　　　（　）
15. ★ 朋友很健康。　　　　　　　　　　　　　　　　（　）
16. ★ 儿子有一个坏习惯。　　　　　　　　　　　　　（　）
17. ★ 空调不要开太长时间。　　　　　　　　　　　　（　）
18. ★ 刘校长喜欢骑马。　　　　　　　　　　　　　　（　）
19. ★ 小张经常爬山。　　　　　　　　　　　　　　　（　）
20. ★ 这个地方变化很大。　　　　　　　　　　　　　（　）

第三部分

第21—30题

例如：男：小王，帮我开一下门，好吗？谢谢！

女：没问题。您去超市了？买了这么多东西。

问：男的想让小王做什么？

A 开门 √　　　　　　B 拿东西　　　　　　C 去超市买东西

21. A 写作业　　　　　　B 看电视　　　　　　C 吃晚饭

22. A 超市　　　　　　　B 饭店　　　　　　　C 动物园

23. A 音乐声音很大　　　B 女的明天考试　　　C 男的不爱学习

24. A 两块　　　　　　　B 四块　　　　　　　C 八块

25. A 老师　　　　　　　B 司机　　　　　　　C 服务员

26. A 长点儿的　　　　　B 短点儿的　　　　　C 新点儿的

27. A 很高兴　　　　　　B 很着急　　　　　　C 很放心

28. A 春天　　　　　　　B 夏天　　　　　　　C 冬天

29. A 一楼　　　　　　　B 二楼　　　　　　　C 三楼

30. A 天气舒服　　　　　B 特别漂亮　　　　　C 水果很多

第 四 部 分

第 31—40 题

例如：女：晚饭做好了，准备吃饭了。

男：等一会儿，比赛还有三分钟就结束了。

女：快点儿吧，菜冷了就不好吃了。

男：你先吃，我马上就看完了。

问：男的在做什么？

A 洗澡　　　　　　　B 吃饭　　　　　　　C 看电视　√

31. A 男的　　　　　　　B 女的　　　　　　　C 王真

32. A 他爱吃面条儿　　　B 妈妈过生日　　　　C 妈妈让他做的

33. A 会开车　　　　　　B 喜欢上网　　　　　C 买了地图

34. A 医生　　　　　　　B 服务员　　　　　　C 校长

35. A 喜欢站着　　　　　B 高了很多　　　　　C 常来女的家

36. A 很差　　　　　　　B 一般　　　　　　　C 很好

37. A 面包　　　　　　　B 面条儿　　　　　　C 米饭

38. A 没有钱　　　　　　B 不会开车　　　　　C 地铁更方便

39. A 旅游　　　　　　　B 学习　　　　　　　C 工作

40. A 学校　　　　　　　B 公园　　　　　　　C 机场

二、阅 读

第 一 部 分

第41—45题

A 表演下午三点半举行,请大家不要迟到。

B 数学成绩提高了很多。

C 告诉妈妈,你在黑板上画的是什么啊?

D 明天就要参加比赛了,她有点儿担心。

E 当然。我们先坐公共汽车,然后换地铁。

F 我想买一本字典。

例如:你知道怎么去那儿吗? (**E**)

41. 这是树,树上有鸟,旁边是小河,还有白云。 (　　)

42. 王春最近学习特别认真。 (　　)

43. 她每天都很努力地练习,但水平还是比别人低。 (　　)

44. 他很热情地说帮我买一本。 (　　)

45. 我想知道几点能结束。 (　　)

第 46—50 题

A 她对中国的历史文化很有兴趣。

B 妈妈把刚才买的水果放冰箱里了。

C 虽然我们是同事，但关系一般，不太了解。

D 服务员，请把菜单拿来。

E 你要走了，我也没什么能送给你的。

46．你能介绍几本书给她吗？ （ ）

47．但是香蕉是不应该放冰箱里的。 （ ）

48．好的，马上就来。 （ ）

49．你了解他吗？ （ ）

50．你教了我很多，对我来说这就是最好的礼物。 （ ）

第 二 部 分

第 51—55 题

　　A 胖　　**B** 主要　　**C** 词语　　**D** 碗　　**E** 声音　　**F** 搬

例如：她说话的（ **E** ）多好听啊！

51. 房间太小，如果想放床就必须把桌子（　　）走。

52. 请大家用今天新学的（　　）写一段话。

53. 中午只吃了一（　　）面条儿，现在有点儿饿了。

54. 这裙子很漂亮，但是我（　　）了，穿不下了。

55. 这件事情没办好（　　）是我的错，跟他没关系。

第 56—60 题

      A 耳朵　　**B** 矮　　**C** 位　　**D** 爱好　　**E** 总是　　**F** 还

例如：**A**：你有什么（ **D** ）？

      B：我喜欢体育。

56. **A**：你借老张的一千块钱（　　）了吗？
　　B：差点儿忘了，人一老就容易忘事儿，我马上去银行。

57. **A**：这椅子太高了，坐着不舒服。
　　B：中间那个比较（　　），你坐那个吧。

58. **A**：您好，请问你们有几（　　）？
　　B：我们一共八个人，请给我们大一点儿的桌子。

59. **A**：你上次说（　　）疼，现在好点儿了吗？
　　B：好多了，谢谢关心。

60. **A**：对不起，这个周末我没时间，下次吧。
　　B：（　　）说没时间，跟你见一面怎么这么难啊？

第 三 部 分

第 61—70 题

例如：您是来参加今天会议的吗？您来早了一点儿，现在才 8 点半。您先进来坐吧。

  ★ 会议最可能几点开始？

    A 8 点　　　　　　　　B 8 点半　　　　　　　　C 9 点　√

61. 小王，你还是给我打电话吧，那个地方上网不方便，不要写电子邮件。
  ★ 说话人希望小王不要：
    A 上网　　　　　　　　B 打电话　　　　　　　　C 写邮件

62. 小的时候没书看，发现一本新书能高兴好几天。现在呢，去书店都不知道该选择哪一本了。
  ★ "我"觉得现在的书：
    A 太多了　　　　　　　B 没意思　　　　　　　　C 非常好

63. 他喜欢漂亮的女孩儿，要有长头发、大眼睛、高鼻子，而且要聪明，但是那么好的女孩儿会喜欢他吗？
  ★ 根据这段话，可以知道他：
    A 没有人喜欢　　　　　B 要求比较高　　　　　　C 人非常聪明

64. 考试时间是这个周末下午三点一刻到五点一刻，在公司二楼的大会议室，请不要把书、手机、电脑带进去，注意不要用铅笔答题。
  ★ 关于这次考试，我们可以知道：
    A 一共三个小时　　　　B 参加的人很多　　　　　C 不能用铅笔写

65. 中国人常说:"饭后百步走,能活九十九。"这句话不是说饭后一定要走一百步,而是说吃完饭走一走对身体特别好。
    ★ 根据这段话,可以知道:
    A 吃饭很重要　　　　B 运动使人健康　　　　C 饭前不要走路

66. 哭有时候表示难过,有时候表示高兴,哭过了人会觉得很舒服。很多男人想哭的时候不敢哭,害怕别人笑自己,其实,这是不对的。为了健康,想哭的时候就应该哭出来。
    ★ 说话人认为,男人:
    A 不能哭　　　　　　B 害怕别人哭　　　　　C 想哭就应该哭

67. 长时间体育锻炼以后,有的人会觉得很饿,有的人还会觉得有点儿不舒服,这可能是因为身体里低糖,吃一块儿糖或者喝杯果汁就会好的。
    ★ 锻炼以后觉得不舒服时应该:
    A 喝点儿果汁　　　　B 马上休息　　　　　　C 回家吃饭

68. 一年来,他几乎每天都在办公室里工作十几个小时,终于完成了别人认为不可能完成的工作。经理对他很满意,决定送他出国学习一年。
    ★ 他能出国学习是因为他:
    A 很爱学习　　　　　B 工作努力　　　　　　C 工作时间长

69. 我在电视上看过熊猫,觉得它可爱极了,但是我们国家没有熊猫,我希望能有机会去中国看看真的熊猫。
    ★ "我"希望:
    A 去中国学习　　　　B 经常看电视　　　　　C 看真的熊猫

70. 电梯快上来了,别回去拿伞了,没带就没带吧。地铁站离家就三四百米,回来时就是真的下雨了,快点跑回来就行了。
    ★ "我"觉得不带伞:
    A 没关系　　　　　　B 不方便　　　　　　　C 会生病

三、书　写

第 一 部 分

第71—75题

例如：小船　　上　　一　　河　　条　　有

河上有一条小船。

71. 家里　　了　　客人　　来　　他

72. 你　　碗　　一下　　洗　　把

73. 经理　　是　　同意　　的　　不会

74. 不会　　用　　孩子　　还　　呢　　筷子

75. 的　　我　　相同　　他　　爱好　　跟　　有

第 二 部 分

第76—80题

例如：没（关 guān）系，别难过，高兴点儿。

76. 今天的月亮真美，我们在（ cǎo ）地上坐坐吧。

77. 感冒时多喝水多休息少吃药，因为吃药作用（ bǐ ）较小。

78. 大的这种一元钱一个，小的八（ jiǎo ）。

79. 他就是听不明白，我有什么（ bàn ）法？

80. 我渴了，冰箱（ li ）有什么喝的？

新汉语水平考试
HSK（三级）
全真模拟试题
（第8套）

注　意

一、HSK（三级）分三部分：

　　1. 听力（40题，约35分钟）

　　2. 阅读（30题，30分钟）

　　3. 书写（10题，15分钟）

二、**听力结束后，有5分钟填写答题卡。**

三、全部考试约90分钟（含考生填写个人信息时间5分钟）。

中国　北京　　　　　　　××××/××××××　编制

一、听 力

第 一 部 分

第1—5题

A		B	
C		D	
E		F	

例如：男：喂，请问张经理在吗？

女：他正在开会，您半个小时以后再打，好吗？   D

1. ☐

2. ☐

3. ☐

4. ☐

5. ☐

— 1 —

第 6—10 题

A

B

C

D

E

6. ☐

7. ☐

8. ☐

9. ☐

10. ☐

第 二 部 分

第 11—20 题

例如：为了让自己更健康，他每天都花一个小时去锻炼身体。

  ★ 他希望自己很健康。   （ √ ）

  今天我想早点儿回家。看了看手表，才5点。过了一会儿再看表，还是5点，我这才发现我的手表不走了。

  ★ 那块儿手表不是他的。   （ × ）

11. ★ 小时候他不想长大。   （ ）

12. ★ "我"新买的照相机坏了。   （ ）

13. ★ "我"是在北京长大的。   （ ）

14. ★ "我"没有时间锻炼身体。   （ ）

15. ★ "我"是一个老师。   （ ）

16. ★ 妈妈现在住在宾馆。   （ ）

17. ★ 他们经常去买东西。   （ ）

18. ★ 用手机时要注意一些问题。   （ ）

19. ★ 南方没下雪。   （ ）

20. ★ 爸爸篮球打得很好。   （ ）

第 三 部 分

第 21—30 题

例如：男：小王，帮我开一下门，好吗？谢谢！

女：没问题。您去超市了？买了这么多东西。

问：男的想让小王做什么？

    A 开门 √   B 拿东西   C 去超市买东西

21. A 愿意帮忙   B 没有时间   C 工作太忙

22. A 星期五   B 星期六   C 星期天

23. A 非常热   B 人太多   C 比较远

24. A 去看医生   B 还老张钱   C 送女儿上学

25. A 儿子喜欢爬   B 朋友让他去   C 山上很漂亮

26. A 宾馆   B 商店   C 饭店

27. A 看电视   B 参加表演   C 举行比赛

28. A 男的   B 女的   C 经理

29. A 雨不太大   B 不要买伞   C 坐车回家

30. A 七点半   B 七点三刻   C 八点

第 四 部 分

第 31—40 题

例如：女：晚饭做好了，准备吃饭了。

男：等一会儿，比赛还有三分钟就结束了。

女：快点儿吧，菜冷了就不好吃了。

男：你先吃，我马上就看完了。

问：男的在做什么？

A 洗澡　　　　　　　B 吃饭　　　　　　　C 看电视　√

31. A 左边的　　　　　B 右边的　　　　　　C 中间的

32. A 工作　　　　　　B 学习　　　　　　　C 旅游

33. A 很久没开了　　　B 没学过开车　　　　C 男的不让她开

34. A 司机　　　　　　B 医生　　　　　　　C 老师

35. A 出国　　　　　　B 工作　　　　　　　C 结婚

36. A 师生　　　　　　B 夫妻　　　　　　　C 同事

37. A 比较热　　　　　B 很舒服　　　　　　C 有点儿冷

38. A 玩儿游戏　　　　B 洗盘子　　　　　　C 吃晚饭

39. A 工作需要　　　　B 为了看新闻　　　　C 对电脑有兴趣

40. A 女的不重要　　　B 下周能见面　　　　C 不去开会了

二、阅 读

第 一 部 分

第 41—45 题

A 叔叔阿姨，不用送了，你们回去吧。

B 好久没有接到小雨的信了，不知道是不是出了什么事。

C 我的眼镜坏了，也看不清楚。

D 洗手间的灯怎么没关呢？

E 当然。我们先坐公共汽车，然后换地铁。

F 所以下楼去附近的超市买了果汁和面包。

例如：你知道怎么去那儿吗？　　　　　　　　　　　　　　　　（ E ）

41. 你别担心，他很好，只是最近有点儿忙。　　　　　　　　　　（　）
42. 老师在黑板上写了什么啊？　　　　　　　　　　　　　　　　（　）
43. 没关系，我们送你到地铁站吧。　　　　　　　　　　　　　　（　）
44. 快睡觉的时候，他突然想起明天没有早饭。　　　　　　　　　（　）
45. 不好意思，忘记了，你帮我关一下吧。　　　　　　　　　　　（　）

第 46—50 题

A 好长时间没爬山了，累了吧。

B 老了以后发现时间真多，但没什么事要做了。

C 她的汉语说得像中国人一样好。

D 8 岁以前我住在奶奶家里，她经常给我讲历史故事。

E 很多人认为这样的习惯不太好。

46. 年轻的时候觉得时间太少，要做的事太多。　　　　（　）

47. 我喜欢一边听音乐一边看书。　　　　　　　　　　（　）

48. 是啊，又累又渴又饿，我们休息一会儿吧。　　　　（　）

49. 谁也听不出她是外国人。　　　　　　　　　　　　（　）

50. 所以我一直对历史很有兴趣。　　　　　　　　　　（　）

第 二 部 分

第51—55题

　　A 认为　　B 厨房　　C 电梯　　D 跟　　E 声音　　F 口

例如：她说话的（ **E** ）多好听啊！

51. 我今天身体不太舒服，一（　　）饭也不想吃。

52. 我（　　）这件事不应该告诉她。

53. 小方在（　　）一位很有名的老师学画画儿。

54. （　　）坏了，我是走上来的，真累啊。

55. 我们吃过了，饭菜在（　　）里，你热热再吃。

第 56—60 题

A 根据　　**B** 筷子　　**C** 双　　**D** 爱好　　**E** 照顾　　**F** 季节

例如：**A**：你有什么（ **D** ）？

　　　B：我喜欢体育。

56. **A**：你最喜欢哪个（　　）？
　　B：春夏秋冬我都喜欢。

57. **A**：为什么不让我参加考试？
　　B：（　　）学校的要求，十五次课没上就不能参加考试了。

58. **A**：你怎么看起来这么累，工作很忙吗？
　　B：我妈妈住院了，我每天都要去（　　）她。

59. **A**：你会用（　　）吃饭吗？
　　B：会是会，但用得不好，以后要多练习。

60. **A**：你给我新买的这（　　）鞋有点儿小，穿着脚疼。
　　B：是吗？那我明天去换一双吧。

第 三 部 分

第 61—70 题

例如：您是来参加今天会议的吗？您来早了一点儿，现在才 8 点半。您先进来坐吧。

★ 会议最可能几点开始？

A 8 点　　　　　　　　B 8 点半　　　　　　　　C 9 点　√

61. 你打扫了半天也累了，楼下的饭店换了新菜单，今天就别做饭了，下去吃吧。

★ 说话人希望：

A 换新菜单　　　　　　B 去饭店吃　　　　　　C 打扫房间

62. 丈夫喜欢踢足球，也喜欢看足球比赛，每四年一次的世界杯足球比赛对他来说是最大的节日，这个时候他最爱的儿子也没有足球重要了。

★ 关于丈夫，可以知道：

A 足球踢得很好　　　　B 不太喜欢儿子　　　　C 很喜欢看球赛

63. 他今年 11 岁了，每天回家第一件事是写作业，然后把饭做好等妈妈回来。妈妈工作很忙，身体也不太好，他早就学会了照顾妈妈。

★ 根据这段话，我们知道他：

A 身体不好　　　　　　B 学习很忙　　　　　　C 会照顾人

64. 东西方文化有很多不同的地方。如果有人说："你的字写得真漂亮。"东方人一般会说："哪里，哪里。"但西方人会说："谢谢！"

★ 这段话中"哪里"是什么意思？

A 不漂亮　　　　　　　B 不了解　　　　　　　C 不可以

65. 半年里我搬了三次家,因为只要邻居家有一点儿声音我就睡不着觉。最后一次搬家,邻居是一位老人,我对这个邻居非常满意,终于能睡好觉了。
    ★ 关于"我",可以知道:
    A 是位老人　　　　　B 喜欢安静　　　　　C 经常生气

66. 他送过我很多礼物,手机、电脑、手表、衣服、鞋子,但我最喜欢的就是这个黄色的包,它虽然已经有点儿旧了,但我一直用到现在。
    ★ "我"最喜欢的礼物是:
    A 一个包　　　　　　B 一双鞋　　　　　　C 一块手表

67. 在学习或者工作中,我们会遇到很多不同的人,选择什么人做朋友对我们有很大的影响。跟好人在一起你会变得更好,跟不好的人在一起,可能你会变得跟他们一样。
    ★ 这段话告诉我们:
    A 朋友越多越好　　　B 应该努力工作　　　C 选择朋友很重要

68. 在这个城市,街上有很多双层的旅游车,你只要花两块钱就可以坐上去看看这个漂亮得像花园一样的城市,每年都有十几万人来这里旅游。
    ★ 这个城市:
    A 车很多　　　　　　B 很漂亮　　　　　　C 东西贵

69. 马休,中国有句老话说"车到山前必有路",意思是车开到了山的前面一定会有路走,你相信我,这件事也一定会有解决的办法的。
    ★ "我"希望马休:
    A 别着急　　　　　　B 学开车　　　　　　C 多走路

70. 那个公园离我家只有三百多米远,环境不错,有一条小河,河边有很多树,也有很多小鸟,草地很大,孩子们可以在那儿踢足球。
    ★ 关于那个公园,哪个是对的?
    A 离"我"家很近　　B 有个足球场　　　　C 环境不太好

三、书 写

第一部分

第71—75题

例如：小船　　上　　一　　河　　条　　有

　　　<u>河上有一条小船。</u>

71. 完成　　明天　　能　　一定

72. 别　　机票　　你　　先　　买

73. 玩儿　　弟弟　　爱　　特别　　游戏

74. 忘记了　　他　　几乎　　这个人

75. 借　　字典　　我的　　走了　　朋友　　被

第 二 部 分

第 76—80 题

例如：没（关 guān）系，别难过，高兴点儿。

76. 她这样说表（ shì ）不欢迎你，你还不走？

77. 就这么决定了，如果（ chū ）现问题我来解决。

78. 这是一件多（ me ）让人高兴的事啊！

79. 我等了两个小时，他终（ yú ）来了。

80. 他对中国文化很感兴趣，想多（ liǎo ）解一些。

新汉语水平考试
HSK（三级）
全真模拟试题
（第9套）

注　意

一、**HSK**（三级）分三部分：

　　1. 听力（40题，约35分钟）

　　2. 阅读（30题，30分钟）

　　3. 书写（10题，15分钟）

二、**听力结束后，有5分钟填写答题卡。**

三、全部考试约90分钟（含考生填写个人信息时间5分钟）。

中国　北京　　　　　　　　××××/×××××× 编制

一、听　力

第 一 部 分

第1—5题

A　B　C　D　E　F

例如：男：喂，请问张经理在吗？

女：他正在开会，您半个小时以后再打，好吗？　　D

1.

2.

3.

4.

5.

第6—10题

A

B

C

D

E

6.

7.

8.

9.

10.

第 二 部 分

第11—20题

例如：为了让自己更健康，他每天都花一个小时去锻炼身体。

  ★ 他希望自己很健康。   （ √ ）

  今天我想早点儿回家。看了看手表，才5点。过了一会儿再看表，还是5点，我这才发现我的手表不走了。

  ★ 那块儿手表不是他的。   （ × ）

11. ★ "我"想关灯睡觉。   （　　）

12. ★ 他不是中国人。   （　　）

13. ★ "我"不想去超市。   （　　）

14. ★ 小刚现在在上海工作。   （　　）

15. ★ 漂亮比可爱更重要。   （　　）

16. ★ 他最近生病了，瘦了很多。   （　　）

17. ★ 多走路对身体好。   （　　）

18. ★ 他现在会说话。   （　　）

19. ★ "我"是南方人。   （　　）

20. ★ 老张要去爬山。   （　　）

第 三 部 分

第 21—30 题

例如：男：小王，帮我开一下门，好吗？谢谢！

女：没问题。您去超市了？买了这么多东西。

问：男的想让小王做什么？

    A 开门 ✓   B 拿东西   C 去超市买东西

21. A 睡觉   B 上班   C 打游戏

22. A 不去上班了   B 医院不太远   C 过一会儿再去

23. A 商店   B 花园   C 动物园

24. A 没时间开   B 有点儿害怕   C 喜欢坐地铁

25. A 今天没检查   B 身体很不好   C 不常吃早饭

26. A 是好老师   B 教得不好   C 要求太多

27. A 他喜欢看报   B 天气会很冷   C 衣服不用拿

28. A 医生   B 司机   C 服务员

29. A 糖   B 面包   C 水果

30. A 看照片   B 打电话   C 学汉语

第 四 部 分

第 31—40 题

例如：女：晚饭做好了，准备吃饭了。

男：等一会儿，比赛还有三分钟就结束了。

女：快点儿吧，菜冷了就不好吃了。

男：你先吃，我马上就看完了。

问：男的在做什么？

A 洗澡　　　　　　　**B** 吃饭　　　　　　　**C** 看电视　√

31. **A** 不是中国人　　　　**B** 喜欢吃面条儿　　　**C** 不会用筷子

32. **A** 同事　　　　　　　**B** 师生　　　　　　　**C** 男女朋友

33. **A** 四块钱　　　　　　**B** 五块钱　　　　　　**C** 六块钱

34. **A** 不认真　　　　　　**B** 不聪明　　　　　　**C** 不努力

35. **A** 让人睡觉　　　　　**B** 使人安静　　　　　**C** 让人不生病

36. **A** 开会　　　　　　　**B** 洗手　　　　　　　**C** 吃饭

37. **A** 要去公司　　　　　**B** 帽子很大　　　　　**C** 外面很冷

38. **A** 六点　　　　　　　**B** 六点半　　　　　　**C** 七点

39. **A** 超市　　　　　　　**B** 书店　　　　　　　**C** 医院

40. **A** 球赛开始了　　　　**B** 现在是晚上　　　　**C** 他们在看电视

二、阅 读

第 一 部 分

第 41—45 题

A 你这次又没考好，下次考试时认真一点儿。

B 被张文借走了，他说明天还回来。

C 除了有点儿矮，其他都很好。

D 你们办公室的空调怎么了？声音这么大。

E 当然。我们先坐公共汽车，然后换地铁。

F 需要我帮忙吗？

例如：你知道怎么去那儿吗？　　　　　　　　　　　　　　　（ E ）

41. 叔叔阿姨给你介绍的男朋友怎么样？　　　　　　　　　　（　）
42. 谢谢，这么大的冰箱，我们两个还真搬不了。　　　　　　（　）
43. 你把字典放哪儿了？　　　　　　　　　　　　　　　　　（　）
44. 我知道了，但是说起来容易做起来难。　　　　　　　　　（　）
45. 用了十多年了，太旧了，应该换个新的了。　　　　　　　（　）

第 46—50 题

A 如果你愿意参加我们当然欢迎。

B 没有，只是想起了过去的朋友，有点儿难过。

C 你们家附近有锻炼身体的地方吗？

D 他们腿脚不方便，你还是开车去接一下吧。

E 注意天气变化，照顾好自己的身体。

46. 你怎么哭了，身体不舒服吗？　　　　　　　　　　（　　）

47. 离我家不远有个小公园，环境不错。　　　　　　　（　　）

48. 知道了，您就放心吧，我会常写信的。　　　　　　（　　）

49. 爷爷奶奶坐地铁来吗？　　　　　　　　　　　　　（　　）

50. 我以前学过跳舞，我也想参加这次表演。　　　　　（　　）

第 二 部 分

第51—55题

   A 选择 B 自己 C 小心 D 伞 E 声音 F 饿

例如：她说话的（ E ）多好听啊！

51. 我（ ）了，什么时候才能吃晚饭？

52. 我们只能这样做，没有别的（ ）。

53. 今天可能有雨，你记得带把（ ）。

54. 冬冬，（ ），前面有一辆大车。

55. 祝你生日快乐！这个蛋糕是我（ ）做的，漂亮吧？

第 56—60 题

A 刚才　　B 表示　　C 难过　　D 爱好　　E 影响　　F 而且

例如：A：你有什么（ D ）？

　　　B：我喜欢体育。

56. A：从小到大，对你（　　）最大的人是谁？
　　B：是爸爸，他教会我做一个快乐健康的人。

57. A：你怎么在那么远的地方买房子啊？
　　B：那儿环境特别好，（　　），最重要的是很便宜。

58. A：（　　）跟你说话的那个人是谁？
　　B：他是五楼新搬来的邻居，人很热情。

59. A：我已经很努力了，为什么数学成绩还是这么差？
　　B：别（　　）了，这次考试题很难，大家都考得不好。

60. A：妈妈，我这条裤子怎么变得这么短了？
　　B：这（　　）你现在长高了。

第 三 部 分

第 61—70 题

例如：您是来参加今天会议的吗？您来早了一点儿，现在才 8 点半。您先进来坐吧。

　　★ 会议最可能几点开始？

　　　A 8 点　　　　　　　B 8 点半　　　　　　　C 9 点　√

61. 你放心，电脑出了多大的问题我都能解决，你先去吃饭，我帮你看看。
　　★ "我"正在：
　　　A 做晚饭　　　　　B 玩儿电脑　　　　　C 帮助别人

62. 在超市里买东西，如果花了 58.63 元，最后的这三分钱超市里一般都不收，只要给售货员五十八元六角就可以了。
　　★ 在超市里买东西：
　　　A 人比较多　　　　B 非常便宜　　　　　C 几分钱一般不用给

63. 下午我去图书馆看书，想回家的时候，外面突然下雨了，我虽然带了伞，但是雨太大了，打伞也没用。
　　★ 今天的雨：
　　　A 非常大　　　　　B 下了很久　　　　　C 不需要打伞

64. 有的人喜欢住在大城市，想买什么都买得到，想去哪儿都很方便。有的人会选择住在小地方，环境好，很安静，东西也便宜。
　　★ 大城市：
　　　A 环境好　　　　　B 很方便　　　　　　C 东西便宜

65. 很多人为了方便只喝果汁，不爱吃水果，其实吃水果对身体更好，特别是孩子，吃水果可以锻炼他们的牙齿。
    ★ 吃水果比喝果汁：
    A 更健康　　　　　B 更便宜　　　　　C 更方便

66. 小刘，你怎么了？"鼻子不是鼻子，脸不是脸"的，是不是工作没完成，被经理说了？
    ★ 小刘怎么了？
    A 生病了　　　　　B 生气了　　　　　C 害怕了

67. 中国有句老话叫"笨鸟先飞"，意思是说不聪明的小鸟要早一点儿练习飞。人也是一样的，如果你没有别人聪明，就要比别人多花时间，才会有相同的成绩。
    ★ 这段话告诉我们：
    A 小鸟喜欢飞　　　B 聪明人很多　　　C 努力很重要

68. 爷爷七十多岁了，他每天先骑两个小时自行车，然后在公园或者家附近走一个小时，他还像年轻人一样，特别喜欢玩儿游戏。
    ★ 根据这段话，可以知道爷爷：
    A 身体不太好　　　B 很喜欢锻炼　　　C 每天去公园

69. 洗澡的时候要注意，饿着肚子不要洗澡，吃饱饭后也不要马上洗，应该等半个小时后洗，还有就是发烧的时候最好不要洗澡。
    ★ 根据这段话可以知道：
    A 不要经常洗澡　　B 洗澡要快一点儿　C 吃完饭半小时后洗澡

70. 有了电脑以后，人们可以在家工作、上网、玩儿游戏、买东西或者看电影。如果没有了电脑，很多人都觉得在家里不知道该做什么了。
    ★ 这段话主要讲了什么？
    A 电脑的作用　　　B 人们的工作　　　C 上网有意思

三、书 写

第一部分

第71—75题

例如：小船　　上　　一　　河　　条　　有

<u>河上有一条小船。</u>

71. 用　　写字　　不要　　铅笔

72. 生气　　太　　这件事　　使　　人　　了

73. 了　　面条儿　　吃　　弟弟　　被　　完

74. 两个　　一共　　带　　行李箱　　他们　　了

75. 你　　啤酒　　多　　应该　　喝　　这么　　不

第 二 部 分

第 76—80 题

例如：没（关 guān）系，别难过，高兴点儿。

76. 请给我两张你的照（　　piàn）。

77. 下个周（　　mò）你跟我们一起去骑马吧。

78. 这个（　　jù）子是什么意思我不太清楚。

79. 你就要离（　　kāi）北京了，这是我送给你的礼物。

80. 我们一定不能忘记历（　　shǐ）。

新汉语水平考试
HSK（三级）
全真模拟试题
（第10套）

注　意

一、HSK（三级）分三部分：

　　1. 听力（40题，约35分钟）

　　2. 阅读（30题，30分钟）

　　3. 书写（10题，15分钟）

二、听力结束后，有**5分钟**填写答题卡。

三、全部考试约90分钟（含考生填写个人信息时间5分钟）。

中国　北京　　　　　　　　　××××/××××××　编制

一、听 力

第 一 部 分

第1—5题

A		B	
C		D	
E		F	

例如：男：喂，请问张经理在吗？

女：他正在开会，您半个小时以后再打，好吗？   D

1. ☐
2. ☐
3. ☐
4. ☐
5. ☐

第 6—10 题

A

B

C

D

E

6. ☐

7. ☐

8. ☐

9. ☐

10. ☐

第 二 部 分

第 11—20 题

例如：为了让自己更健康，他每天都花一个小时去锻炼身体。

  ★ 他希望自己很健康。   （ √ ）

  今天我想早点儿回家。看了看手表，才5点。过了一会儿再看表，还是5点，我这才发现我的手表不走了。

  ★ 那块儿手表不是他的。   （ × ）

11. ★ "我"的朋友在上海。   （　　）

12. ★ 孩子的耳朵不舒服。   （　　）

13. ★ 办公室要搬到二楼。   （　　）

14. ★ "我"跟邻居关系很好。   （　　）

15. ★ 老王喜欢锻炼身体。   （　　）

16. ★ 不应该生气。   （　　）

17. ★ 中国银行在红绿灯的旁边。   （　　）

18. ★ 他们结婚九年了。   （　　）

19. ★ 女朋友第一次迟到。   （　　）

20. ★ 果汁在冰箱里。   （　　）

第 三 部 分

第 21—30 题

例如：男：小王，帮我开一下门，好吗？谢谢！

女：没问题。您去超市了？买了这么多东西。

问：男的想让小王做什么？

A 开门 ✓　　　　　　B 拿东西　　　　　　C 去超市买东西

21. A 学生　　　　　　B 医生　　　　　　C 老师

22. A 春天　　　　　　B 夏天　　　　　　C 冬天

23. A 飞机还没到　　　　B 在等行李箱　　　　C 找不到路了

24. A 饭店　　　　　　B 家里　　　　　　C 动物园

25. A 非常爱说话　　　　B 现在很年轻　　　　C 写过很多信

26. A 很担心　　　　　B 很难过　　　　　C 很高兴

27. A 工作很累　　　　B 不想出去　　　　C 天气不好

28. A 六点三刻　　　　B 七点一刻　　　　C 六点五十五

29. A 医生和病人　　　B 老师和学生　　　　C 妈妈和孩子

30. A 考题太难　　　　B 身体不好　　　　C 没复习好

第 四 部 分

第 31—40 题

例如：女：晚饭做好了，准备吃饭了。

男：等一会儿，比赛还有三分钟就结束了。

女：快点儿吧，菜冷了就不好吃了。

男：你先吃，我马上就看完了。

问：男的在做什么？

A 洗澡　　　　　　　B 吃饭　　　　　　　C 看电视　√

31. A 面包　　　　　　　B 米饭　　　　　　　C 面条儿

32. A 老司机很多　　　　B 不打电话了　　　　C 开车很容易

33. A 买新汽车　　　　　B 帮助别人　　　　　C 出去旅行

34. A 商店　　　　　　　B 医院　　　　　　　C 学校

35. A 检查错了　　　　　B 头不疼了　　　　　C 要去上班

36. A 师生　　　　　　　B 同学　　　　　　　C 同事

37. A 阿姨　　　　　　　B 男的　　　　　　　C 女的

38. A 跑步　　　　　　　B 游泳　　　　　　　C 打球

39. A 一百五　　　　　　B 三百五　　　　　　C 五百

40. A 夏天　　　　　　　B 秋天　　　　　　　C 冬天

二、阅 读

第一部分

第41—45题

A 她有很多爱好。

B 你在做饭啊,需要我帮忙吗?

C 秋天要过去了,马上就到冬天了。

D 现在的城市里河不干净,树不绿,小鸟也没有了。

E 当然。我们先坐公共汽车,然后换地铁。

F 我姐姐的孩子7岁,已经上一年级了。

例如:你知道怎么去那儿吗? (**E**)

41. 为了解决环境问题,人们想了很多办法。 ( )
42. 我真不喜欢这个季节。 ( )
43. 他很聪明,学习成绩一直不错。 ( )
44. 你帮我洗几个盘子和碗吧。 ( )
45. 除了画画儿,她还喜欢唱歌、跳舞。 ( )

第 46—50 题

A 虽然跟以前比，我的普通话讲得好多了。

B 我比你矮，短的那条是我的。

C 我经常去图书馆看书，因为那儿比较安静。

D 音乐声音能小一点儿吗？你这样会影响别人的。

E 听说动物园新来了熊猫，你要不要去看看？

46. 但是说话一快，同事们还是会听不懂。　　　　　　（　）

47. 我不习惯在那儿看书，只是去借书、还书。　　　　（　）

48. 真对不起，我马上关了它。　　　　　　　　　　　（　）

49. 我还没完成作业呢，爸爸一定不会让我去的。　　　（　）

50. 这两条裤子哪条是我的？　　　　　　　　　　　　（　）

第 二 部 分

第51—55题

A 方便　　B 节目　　C 了解　　D 举行　　E 声音　　F 为了

例如：她说话的（ E ）多好听啊！

51. 你看她这个人，（　　）变瘦健康都不要了。

52. 我对他还不太（　　），怎么能跟他结婚呢？

53. 这次比赛在哪个国家（　　）？

54. 你不用来接我，我坐地铁回去很（　　）。

55. 这次晚会，你们班打算表演什么（　　）啊？

第 56—60 题

　　　　A 机会　　B 分　　C 新鲜　　D 爱好　　E 以为　　F 把

例如：A：你有什么（ D ）？
　　　B：我喜欢体育。

56. A：妈妈，这个菜怎么这么甜啊？
　　 B：是吗？我可能（　　）糖放得太多了。

57. A：我对中国的历史文化特别有兴趣。
　　 B：如果有（　　），你应该去中国学习几年。

58. A：这葡萄看起来真（　　）。
　　 B：买点儿吧，比超市卖的便宜多了。

59. A：祝你生日快乐！这个包是送你的礼物。
　　 B：谢谢，我（　　）你忘记我的生日了呢。

60. A：快点儿，我们要迟到了。
　　 B：不用着急，差十（　　）八点，还有时间呢。

第 三 部 分

第61—70题

例如：您是来参加今天会议的吗？您来早了一点儿，现在才8点半。您先进来坐吧。

　　★ 会议最可能几点开始？

　　A 8点　　　　　　　　B 8点半　　　　　　　　C 9点　√

61. 这个城市的秋天特别漂亮，但时间也很短，所以几乎没有穿衬衫的时间。
　　★ 在这个城市：
　　A 只有三个季节　　　B 秋天比较安静　　　C 秋天不太需要衬衫

62. 世界上每一个人都是不一样的，没有相同的两个人，所以不能要求你的丈夫或者妻子跟你的兴趣、爱好一样。
　　★ 关于夫妻，我们知道：
　　A 应该每天见面　　　B 可能爱好不同　　　C 一定是相同的人

63. 这个菜做好了，你先帮我洗个盘子，我马上用，然后把碗筷洗一下，客人就要来了。
　　★ 他们正在：
　　A 做饭　　　　　　　B 点菜　　　　　　　C 买东西

64. 中国有句老话叫"只有上不去的天，没有过不去的山"，意思是路在人的脚下，只要努力，没有什么问题是不能解决的。
　　★ 这段话告诉我们：
　　A 爬山对身体好　　　B 问题都能解决　　　C 应该相信别人

65. 我认为蓝色的裙子比黄色的好,黄色会使人看起来比较胖。我们店最近新进了一些裤子,很漂亮,您要不要试试?
    ★ 他们现在可能在哪儿?
    A 书店　　　　　　　B 花店　　　　　　　C 商店

66. 你看,这是我和你爷爷结婚时的照片,你不知道,那时候只有黑白照片,那可是我第一次照相,觉得特别奇怪,照相机是怎么把人照进去的?
    ★ 关于那张结婚照,可以知道:
    A 照得很奇怪　　　　B 只有蓝色和白色　　C 是她的第一张照片

67. 我当然也想买好一点儿的车了,但是我们一共就只有六万块钱,买房子借了银行很多钱还没还完,我不想再借钱买车了。
    ★ 说话人不想:
    A 借钱　　　　　　　B 买车　　　　　　　C 去银行

68. 我们对这家宾馆非常满意,它附近的环境比较好,服务员的脸上一直有笑容,说话声音也很好听,最重要的是很便宜,一个晚上才两百多块。
    ★ 他们对宾馆最满意的是:
    A 环境好　　　　　　B 很便宜　　　　　　C 服务好

69. 一般来说,中国人都会选择在周末或者节日结婚,这样,朋友、同事就都能来了。特别是节日在周末,这是大饭店最忙的时候,很多家都有好几对结婚的年轻人。
    ★ 大饭店最忙的时候是:
    A 周末　　　　　　　B 节日　　　　　　　C 节日在周末

70. 几乎每个孩子都喜欢听故事,在故事里孩子可以学习新的词语、句子,小时候爱听故事的孩子长大后就会喜欢看书、学习。
    ★ 根据这段话可以知道,孩子:
    A 很关心成绩　　　　B 多听故事好　　　　C 都喜欢看书

三、书写

第一部分

第71—75题

例如：小船　　上　　一　　河　　条　　有

　　　<u>河上有一条小船。</u>

71. 结束　　会议　　了　　终于

72. 可爱　　这些　　多么　　啊　　孩子

73. 南方　　没有　　北方的　　热　　夏天　　那么

74. 我　　去过　　几乎　　中国的　　大城市　　都

75. 我　　了解　　这　　关于　　不太　　段　　历史

第 二 部 分

第 76—80 题

例如：没（关）系，别难过，高兴点儿。
　　　　　guān

76. 你想帮忙，我（　）然愿意，但你也有很多事要忙啊。
　　　　　　　　　dāng

77. 老师，今天的数学课我还有一些地（　）不明白。
　　　　　　　　　　　　　　　　　　fang

78. （　）实，他的汉语水平还是很不错的。
　　qí

79. 出现了问题，你应该自（　）想办法去解决。
　　　　　　　　　　　　jǐ

80. 因为感（　）发烧，我没能参加这次比赛。
　　　　　mào